Sebastian Bröder

Halt mich fest, Mama!

Wie Kinder Ängste überwinden und selbstständig werden

DAS ELTERNMAGAZIN FÜR DIE KITAZEIT

Inhalt

Kinder streben nach Selbstständigkeit. Unsere Aufgabe ist es, sie dabei zu begleiten

Schritt für Schritt in die Welt

1

Der lange Weg zur Selbstständigkeit

Ist das wirklich schon sieben Jahre her? *Lenas Eltern kommt es fast so vor, als wäre es erst gestern gewesen, dass ihre Tochter geboren wurde. Winzig klein war sie damals, und scheinbar zu nichts anderem auf der Welt, als super-süß zu sein, sehr viel zu schlafen und hin und wieder zu schreien (eigentlich schrie Lena ganz schön oft, aber das ist längst vergessen). Und heute ist Lena mit ihren Eltern auf der Einschulungsfeier. Stolz steht sie da mit allen anderen Erstklässlern und hält ihre selbst gebastelte Schultüte im Arm. „Weißt du noch, wie ängstlich sie war, als sie in den Kindergarten kam?", flüstert Lenas Vater seiner Frau ins Ohr. „Ein bisschen schüchtern ist sie natürlich jetzt auch – aber sie hat gut gelernt, damit umzugehen."*

Vom Säugling zur Schulreife in weit unter 100 Monaten: Es ist wirklich ein Wunder, mit welch rasanter Geschwindigkeit Kinder sich in ihren ersten Lebensjahren entwickeln. Schienen sie am Anfang noch völlig abhängig von uns, sind sie bereits wenige Jahre später in der Lage, lesen und schreiben zu lernen und sich im sozialen Gefüge zu behaupten. Dazwischen (und auch noch lange danach) absolvieren sie nahezu täglich Schritte auf dem Weg zur Selbstständigkeit. Manche dieser Schritte sind ganz klein und wir bemerken sie fast gar nicht – andere wirken wie riesige Sprünge: die Einschulung zum Beispiel, aber auch der erste Abend mit dem neuen Babysitter, die Eingewöhnung in die Kita oder das erste Mal, dass sie bewusst das Wort „ich" benutzten.

Angst gehört dazu

Auch wenn diese Schritte alle Fortschritte sind, können viele von ihnen ganz schön verunsichern. Selbstständigkeit bedeutet Unabhängigkeit und der Weg dorthin ist gepflastert mit Trennungserfahrungen – die erste ist gleich die Geburt: Waren Mutter und Kind neun Monate lang körperlich verbunden, findet bei der Entbindung die erste schmerzhafte Trennung des Säuglings von seiner engsten Bezugsperson statt. Bis zur Einschulung folgen viele weitere kleine und große Trennungserfahrungen. Sie sind fraglos notwendig, machen zugleich aber auch Angst.

Besonders deutlich tritt die Trennungsangst bei den meisten Kindern kurz vor dem ersten Geburtstag auf: Im sogenannten Fremdelalter reagieren sie auf Personen, die sie nicht täglich erleben, mit oft vehementer Ablehnung. Bei den kleinsten Auslösern klammern sie sich an ihre Eltern und wollen gar nicht mehr herunter von deren Arm. Einschlafschwierigkeiten haben ebenfalls häufig mit der Angst vor dem Verlassenwerden zu tun: „Was ist, wenn ich aufwache, und Mama und Papa sind nicht mehr da?" Diese Befürchtung macht schlaflos. Fast immer kommt Trennungsangst auch beim Eintritt in den Kindergarten beziehungsweise in die Kita auf. Die meisten Kinder erfahren dann nämlich die erste „echte" Trennung von ihren wichtigsten Bezugspersonen. Ein Vormittag bei der Oma ist eben doch etwas ganz anderes als ein Vormittag in der Einrichtung.

Begleiten mit Feingefühl

Unser Job ist es, unser Kind auf dem Weg in seine Selbstständigkeit zu begleiten – es aber auch loszulassen, wo
es nötig und hilfreich ist: Stück für Stück und seiner Entwicklung sowie der jeweiligen Situation angemessen.
Trennungen tun weh, das liegt in ihrer Natur. Aber sie
sind auch notwendig. Es geht also nicht darum, sie zu
vermeiden, sondern sie zu meistern. Und das gelingt
uns mit Feinfühligkeit. Um im Bild zu bleiben: Am Anfang seines Weges zur Selbstständigkeit tragen wir unser Kind noch,
dann nehmen wir es an der Hand, irgendwann geht es schon mal
ein bisschen voraus oder erkundet neugierig, was links und rechts
so alles los ist. Immer größer werden seine Ausflüge, dabei stolpert
es natürlich auch mal, fällt hin, tut sich weh oder macht andere un-
angenehme Erfahrungen. Dann trösten wir es und nehmen es wieder an die Hand, wenn es das möchte – bis es neuen Mut für seinen
nächsten Solo-Ausflug gefasst hat. Feinfühligkeit bedeutet auch, den
richtigen Zeitpunkt zu erkennen, an dem wir unser Kind wieder loslassen müssen. So kann es lernen, mit Ängsten und anderen merk-
würdigen Gefühlen umzugehen, um eines fernen Tages den Weg
eigenständig weiterzugehen.

Wir Eltern stärken unser Kind, indem wir ihm einerseits ein sicherer
Hafen sind, ihm eine Riesenportion Geborgenheit und Nähe geben
– ihm aber andererseits auch immer wieder neue Freiräume gewäh-
ren, auf seine Fähigkeiten vertrauen und es ruhig mal allein machen
lassen, wenn es das will. Es gilt, den Mittelweg zu finden zwischen
überbehütendem Festhalten und plötzlichem Wegstoßen. Dazu
möchte dieses Buch einen Beitrag leisten.

> Gelassen bleiben:
> Meistens schaffen
> Kinder schon
> mehr Dinge allein,
> als wir ihnen
> zutrauen.

Ein Schulkind zu sein, macht Kinder stolz

Eine enge Bindung von Anfang an

Halt mich fest und lass mich los

2

Warum Bindung und Selbstständigkeit zusammengehören

Die zweijährige Marie besucht mit ihrer Mutter zum ersten Mal deren Freundin, *die einen kleinen Sohn in Maries Alter hat: Joshua, der aber zunächst nicht zu Hause ist. Anfangs möchte Marie auf keinen Fall den Schoß ihrer Mutter verlassen. Für das tolle Spielzeug, das in Sichtweite des Kaffeetisches in einer großen Kiste für sie bereitliegt, scheint sie sich überhaupt nicht zu interessieren. Erst nach 20 Minuten lässt sich Marie vom Schoß ihrer Mutter gleiten. Etwas zaghaft geht sie zur Kiste, holt einen Ball heraus und bringt ihn ihrer Mutter. Daraus entwickelt sich schnell ein fröhliches Hol-und-bring-Spiel, in das Marie bald auch Joshuas Mutter einbezieht. Dann kommen Joshua und sein Vater vom Einkaufen nach Hause. „Mama, Arm", sagt Marie und klettert wieder auf den Schoß ihrer Mutter.*

Irgendwann stehen wohl alle frischgebackenen Eltern mal am Bettchen ihres Babys und fragen sich: „Wie wird nur aus diesem kleinen Geschöpf eines Tages mal ein selbstständiger Mensch?" Die Aufgabe, die vor uns liegt, scheint gewaltig und da kann einem schon etwas mulmig werden: Werden wir es schaffen, unserem Kind all das beizubringen, was es braucht, um groß zu werden? Können wir dieser riesigen Verantwortung überhaupt gerecht werden? Die Antwort lautet: Ja, das können wir! Eltern haben nämlich vom ersten Tag an eine ausgesprochen kompetente Hilfe: ihr Kind. Wenn es auf die Welt kommt, verfügt es bereits über ein Bündel an Fähigkeiten, Verhaltensmustern und Eigenschaften, die ihm und dadurch auch uns helfen, sein großes Fernziel Selbstständigkeit zu erreichen. Diese Fähigkeiten muss ihm niemand beibringen, sie gehören sozusagen zu seinem „Betriebssystem".

Eltern geben Halt, Schutz und Sicherheit

Erste Aufgabe: Bindung herstellen

Als Erstes startet dieses Betriebssystem das Programm „Bindung". Es sorgt dafür, dass zwischen dem Kind und seinen engsten schutzgebenden Bezugspersonen (in der Regel die Eltern) ein stabiles emotionales Vertrauensverhältnis entsteht. Der Begründer der Bindungstheorie, der britische Kinderarzt und Psychoanalytiker John Bowlby, definierte diese besondere Beziehung als ein „gefühlsgetragenes Band", das zwei Personen „über Raum und Zeit miteinander verbindet".

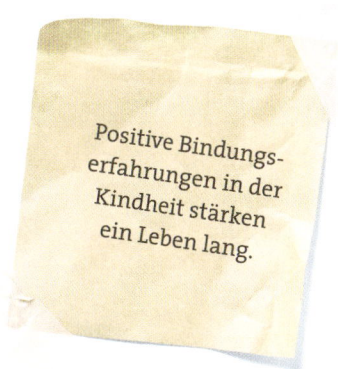

Positive Bindungserfahrungen in der Kindheit stärken ein Leben lang.

Damit sich dieses unsichtbare Band entwickeln kann, sendet ein Säugling instinktiv Signale an seine Eltern aus. Wenn er beispielsweise Hunger hat, ihm zu kalt oder zu warm ist oder er Nähe braucht, schreit er – und seine Eltern reagieren darauf: Sie nehmen ihn auf den Arm, berühren ihn, sprechen ihn liebevoll an und zeigen ihm damit, dass er nicht allein ist und sich jemand um ihn kümmert. Auch die Eltern handeln meist intuitiv. Sie haben ein Gespür dafür, welches Bedürfnis ihr Baby gerade hat. Ohne darüber nachzudenken, ändern sie zum Beispiel ihren Tonfall, wenn sie mit ihrem Kind sprechen: Sie wechseln automatisch in die sogenannte Ammensprache, eine babygerechte Kommunikationsform, bei der die Stimme ruhiger, die Wortwahl einfacher und die Betonung kontrastreicher und melodischer wird.

Bindung schafft Sicherheit

Die Bindungssignale des Kleinkindes lösen also bei den Eltern Fürsorgeverhalten aus, damit sie die (über-)lebensnotwendigen physischen und emotionalen Bedürfnisse ihres Kindes befriedigen. Auch das unwiderstehliche Lächeln des Babys, sein Gebrabbel, sein Anklammern oder sein Hinterherkrabbeln, sobald die Eltern sich von ihm entfernen, gehören zum Bindungsverhalten. Es sind allesamt Maßnahmen zur Kontaktaufnahme. Auf völlig unterschiedliche Weise sendet das Kind immer wieder dieselbe Botschaft: „Bitte komm zu mir, kümmere dich um mich!" Wenn seine Eltern

Direkter Hautkontakt hilft Babys, sich zu beruhigen und zu entspannen

verlässlich darauf reagieren, gewinnt es allmählich an Sicherheit. Es macht die Erfahrung, dass die Eltern seine Bedürfnisse wahrnehmen und es sich auf sie verlassen kann. So baut sich im Laufe der ersten Lebensmonate Vertrauen auf, die Kommunikation zwischen Baby und Eltern funktioniert immer besser, das Band der Bindung wird stabiler.

Sind die ersten Phasen dieses Entwicklungsschritts geschafft, startet das Betriebssystem des Kindes ein weiteres Programm, das in der Bindungsforschung „Exploration" genannt wird. Hier ist der (ebenfalls angeborene) Entdeckergeist des Kindes am Werk. Es hat nämlich nicht nur das Bedürfnis nach Nahrung, Schutz und Nähe, sondern auch das innere Bestreben, seine Umwelt zu erkunden, alles Mögliche auszuprobieren, aktiv zu werden, zu lernen, zu handeln und eigene Erfahrungen zu sammeln – kurz gesagt: selbstständig zu werden.

Damit das auch funktioniert, ist eine gute Bindung die Voraussetzung. Denn aus der Sicherheit, die sie vermittelt, wächst der Mut, sich auch mal von den Eltern zu lösen: Wer die Gewissheit eines sicheren Hafens hat, in den er jederzeit zurückkehren kann, der traut sich auch in die Welt hinaus, um den eigenen Forschungsdrang zu stillen. Schon hier wird deutlich, dass Bindung und Selbstständigkeit keinen Gegensatz darstellen, sondern aufeinander aufbauen.

> Wenn Kinder sich sicher gebunden fühlen, können sie mit der Erforschung der Welt beginnen.

Vom Arm in die Welt – und zurück

Bindungsforscher vergleichen das Verhältnis dieser beiden Systeme mit einer Wippe: Auf der einen Seite sitzt das Bindungssystem, auf der anderen das Entdeckersystem. Eines der beiden ist immer oben, also aktiv, während sich das andere zwangsläufig unten befindet, also inaktiv ist. Das eingangs geschilderte Beispiel von Marie verdeutlicht sehr anschaulich das Hin-und-her-Wippen zwischen Bindungs- und Entdeckersystem. Anfangs ist Maries Bindungssystem aktiv: Sie möchte auf keinen Fall den Schoß ihrer Mutter verlassen. Weil die neue Umgebung und die unbekannten Menschen sie verunsichern, braucht sie die körperliche Nähe ihrer Mutter; an Entdeckung ist in dieser Phase nicht zu denken, da kann ein noch so tolles Spielzeug in der Kiste locken. Nach einer Weile hat sie aber genug Vertrauen gefasst und fühlt sich so sicher, dass ihr Forschergeist auf der Wippe nach oben geht, also aktiv wird: Maries Neugier treibt sie weg vom Schoß ihrer Mutter hin zur Spielzeugkiste.

Ein ausgewogenes Verhältnis zwischen Bindung und Exploration ermöglicht es Kindern zu lernen.

Nach einer Zeit des fröhlichen Spielens erlebt Marie erneut einen kleinen Stressmoment: Joshua und sein Vater – beide kennt Marie noch nicht – kommen nach Hause. Diese Verunsicherung aktiviert ihr Bindungssystem wieder, sie möchte zurück auf den Schoß ihrer Mutter, um dort neuen Mut zu schöpfen.

Zusammenfassend lässt sich festhalten, dass einem Kind zwei Grundbedürfnisse angeboren sind, die sich vermeintlich widersprechen, aber dennoch untrennbar miteinander verbunden sind: Kinder wollen festgehalten und losgelassen werden. Beides ist wichtig. Unsere Aufgabe ist es, zu erspüren, welches der beiden Bedürfnisse gerade aktiv ist, und unser Kind darin zu unterstützen: Braucht es Nähe, Geborgenheit, also den „sicheren Hafen", dann helfen wir ihm, indem wir es nicht abweisen. Möchte es seiner Neugier folgen, die Welt erforschen, neue Erfahrungen machen, dann helfen wir ihm, indem wir es nicht daran hindern. Anregungen, wie das im Erziehungsalltag konkret aussehen kann, finden Sie in den nachfolgenden Kapiteln.

Die Angst vor Fremden ist ein normaler Entwicklungsschritt

„Was hat er denn auf einmal?"

3

Warum Kinder fremdeln und wie wir ihnen am besten helfen

Nico ist sieben Monate alt und bisher ließ sein Lächeln einfach jeden dahinschmelzen. *Ob Nachbarn, Supermarktkassierer oder Kinderärztin – alle strahlte er dermaßen freundlich an, dass ihm die Herzen nur so zuflogen. Doch neuerdings kann Nico auch anders. Das stellt er ausgerechnet beim Besuch seiner Großmutter unter Beweis: Sobald er sie bemerkt, versteinert sich seine Miene. Mit weit aufgerissenen Augen starrt er sie an. Und als Oma ihm zur Begrüßung über die Wange streichelt, ist es ganz vorbei. Nico verzieht das Gesicht, schiebt die Unterlippe vor und beginnt, bitterlich zu weinen.*

Irgendwann zwischen dem sechsten und zwölften Lebensmonat werden Kinder plötzlich „komisch": Haben sie bisher ausnahmslos jeden angelächelt, werden sie jetzt wählerisch. Schlagartig ist Freundlichkeit nur noch für die allerengsten Bezugspersonen reserviert: Papa, Mama, Tagesmutter – manchmal sogar nur für eine von ihnen. Allen anderen begegnen sie eher reserviert, meiden Blickkontakte, wenden sich ab, klammern und vergraben ihr Gesicht in Mamas Schulter. Ihre Körpersprache signalisiert: „Komm mir bloß nicht zu nahe!" Wer diese Botschaft aus Versehen missachtet, muss damit rechnen, schrillen Alarm auszulösen. Viele der Kinder, die noch bis vor Kurzem zauberhaft gelächelt haben, weinen nun ohne Vorwarnung drauflos, wenn man sich ihnen zu sehr nähert.

Fremdeln ist völlig normal

Da die Wandlung vom kleinen Sonnenschein zum Klammeraffen oft recht plötzlich eintritt, sind viele Eltern verunsichert. Sie fragen sich: Machen wir etwas falsch? Behüten wir unser Kind zu sehr? Die Antwort der Entwicklungspsychologie fällt eindeutig aus: Fremdeln ist kein Grund zur Sorge und nicht die Folge eines Erziehungsfehlers der Eltern oder einer schlechten Erfahrung des Kindes mit einer fremden Person. Fremdeln ist einfach nur fester Bestandteil der gesunden Entwicklung.

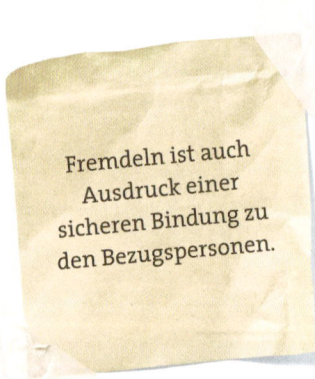

Fremdeln ist auch Ausdruck einer sicheren Bindung zu den Bezugspersonen.

Obwohl diese Phase anstrengend sein kann, bietet sie also auch Grund zur Freude. Ja, wirklich! Denn das Fremdeln – auch „Acht-Monats-Angst" genannt – ist ein Zeichen dafür, dass das Kind etwas wichtiges Neues gelernt hat: Bereits seit einiger Zeit verfügt es über eine differenzierte Sinneswahrnehmung, die es ihm ermöglicht, vertraute von fremden Menschen zu unterscheiden. Mit etwa acht Monaten entwickeln Kinder diese Fähigkeit weiter. Sie lernen, Gesichter und Verhaltensweisen zu klassifizieren, das heißt: Sie unterscheiden nicht mehr nur nach „kenne ich" und „kenne ich nicht", sondern beginnen auch, Gesichter und Gesten bestimmten Personen zuzuordnen. Mit den engsten Vertrauten – also den Menschen, die sich täglich um sie kümmern – haben sie deshalb eine äußerst feinsinnige Form der Verständigung entwickelt. Sie wissen, wie Mama lächelt, wie sie sich bewegt, wie sie riecht, wie ihre Stimme klingt und wie sich ihre Berührungen anfühlen. Weil diese Fähigkeit aber noch neu und untrainiert ist, beherrschen Kleinstkinder sie nur bei ganz wenigen Menschen. Bei Fremden – und dazu gehören meistens auch die Großeltern, sofern sie nicht ständig präsent sind – funktioniert das noch nicht.

In den Armen von Papa Nähe tanken

Unvertrautes macht Angst

Nicos Oma sieht nicht nur anders aus als seine Mutter, sie kommuniziert auch anders. Sie spricht andere Wörter mit einer anderen Stimme, riecht anders, reagiert mit anderen Gesichtsausdrücken und Gesten. Sie streichelt ihrem Enkel beispielsweise zur Begrüßung über die Wange, was Mama nur beim Wickeln macht. Diese Kombination aus ungewohnten Reizen überfordert Nico. Er weiß nicht, wie er darauf reagieren soll – und fängt an zu weinen. Für uns Erwachsene wäre das ungefähr so, als ob plötzlich ein Außerirdischer in unserem Wohnzimmer landen, auf uns zustürmen, komische Laute von sich geben und uns ins Gesicht fassen würde. Da würden auch wir wohl zumindest zurückhaltend reagieren. Auch wir müssten erst lernen, dass dieser Außerirdische es gut mit uns meint. Fremdeln ist also ein Kommunikationsproblem – vergleichbar mit einem Computerabsturz: Die Hardware (Nicos Gehirn) erkennt die Software (Omas Verhalten) nicht, das System stürzt ab. Nichts geht mehr. Und wenn Kinder nicht mehr weiterwissen, reagieren sie im Zweifelsfall mit Weinen. Da hilft nur noch eins: ein Neustart auf Mamas Arm.

KOMM, SAG TANTE HILDE HALLO!

Eine Frage des Charakters

Nahezu jedes Kind fremdelt zwischen dem sechsten und zwölften Lebensmonat zumindest eine Zeit lang, wenn auch unterschiedlich stark. Manche Kinder sind nur etwas zurückhaltender als sonst, andere hingegen schreien bereits, wenn der Opa freundlich „Kuckuck!" sagt. Wie stark ein Kind fremdelt, hängt vor allem von seinem Temperament ab. Es gibt nun mal Kinder, die emotional prinzipiell stärker reagieren als andere. Auch Erfahrungen können eine Rolle spielen: Kinder, die an häufigen Besuch gewöhnt sind, fremdeln manchmal weniger stark. Viele soziale Kontakte bedeuten aber nicht automatisch weniger Fremdeln. So haben wissenschaftliche Untersuchungen gezeigt, dass auch Kinder aus Großfamilien nicht vor der Acht-Monats-Angst gefeit sind.

Auch wenn das soziale Umfeld es suggeriert: Es ist keine „Leistung" eines Kindes, nicht zu fremdeln, und umgekehrt kein Defizit, wenn es fremde Personen ablehnt.

In der Fremdelphase brauchen alle Kinder mehr Schutz und Geborgenheit. Und als ob das nicht schon genug wäre, müssen sich Eltern oft noch um die „Opfer" ihrer Kinder kümmern. Denn Oma, Supermarktkassierer oder Nachbarin nehmen das Fremdeln des Kindes manchmal sehr persönlich und reagieren verschnupft. Wer findet es schon toll, für eine Bedrohung gehalten zu werden? Dennoch sollte der Wunsch des Kindes nach Distanz unbedingt respektiert werden. Auf keinen Fall darf es gegen seinen Willen auf den Arm von Onkel oder Tante gezwungen werden. Mehr Tipps zur Fremdelphase finden Sie im Kasten.

> Generell gilt: Zwingen Sie Ihr Kind niemals, Kontakt zu anderen Personen aufzunehmen, wenn es das gerade nicht möchte.

Mit Abstand am besten: Erste Hilfe beim Fremdeln

- Damit es gar nicht erst zum Panikanfall kommt, empfiehlt es sich, Besucher schon vorher kurz zu informieren, dass Ihr Kind sich im Fremdelalter befindet, dass es sich um einen normalen Entwicklungsschritt handelt und dass das Verhalten nicht persönlich genommen werden darf. Bitten Sie darum, etwas Abstand zu halten, sich nicht gleich auf das Kind zu stürzen, es womöglich mit Küssen zu überfallen und es nicht zu intensiv oder zu lange mit Blicken zu fixieren.

- Wichtig ist es, die Bedürfnisse des Kindes zu respektieren und ein wenig Geduld zu haben. Geben Sie es nicht einfach der Oma auf den Arm, wenn es das nicht möchte. Und weisen Sie es nicht zurück, wenn es an Ihnen klebt wie eine Klette. Das ist zwar manchmal anstrengend, geht aber umso schneller vorbei, wenn Sie feinfühlig auf seine Bedürfnisse eingehen.

- Der erste Schritt zur Annäherung ist in der Fremdelphase dem Kind vorbehalten. Dafür muss es zunächst seine Scheu überwinden und das funktioniert am besten ganz nah bei den Eltern. Auf ihrem Schoß spürt es allmählich, dass der große Unbekannte kein Grund zur Beunruhigung ist, denn Mama oder Papa sind ja schließlich auch völlig entspannt.

- Wer eine Weile auf dem Arm seiner Eltern Vertrauen tankt, findet bald Mut zu neuen Abenteuern. Und so dauert es vielleicht gar nicht lang, bis die angeborene Neugier stärker ist als die Angst und das fremdelnde Kind von selbst Kontakt aufnimmt. Durch verstohlene Blicke und ein zögerliches Lächeln signalisiert es, dass es langsam dazu bereit ist, sich mit dem „Fremden" anzufreunden.

- Ein gutes Hilfsmittel ist ein Ball, denn er ermöglicht eine Kontaktaufnahme auf Distanz: Das Kind und sein Bekannter in spe können ihn sich zurollen, ohne sich dabei gleich zu sehr nahekommen zu müssen. Wer dabei behutsam vorgeht, kann erreichen, dass das Kind auftaut. Falls nicht, befindet sich das Kind wahrscheinlich gerade auf dem Höhepunkt der Fremdelphase. Dann bleibt immer noch die tröstende Gewissheit, dass die Scheu stetig abnimmt und dieser Entwicklungsschritt nach drei bis vier Monaten vorbei ist. Das Lächeln kommt zurück – garantiert!

Wichtige Entwicklungsschritte sind oft mit Trennungsängsten verbunden

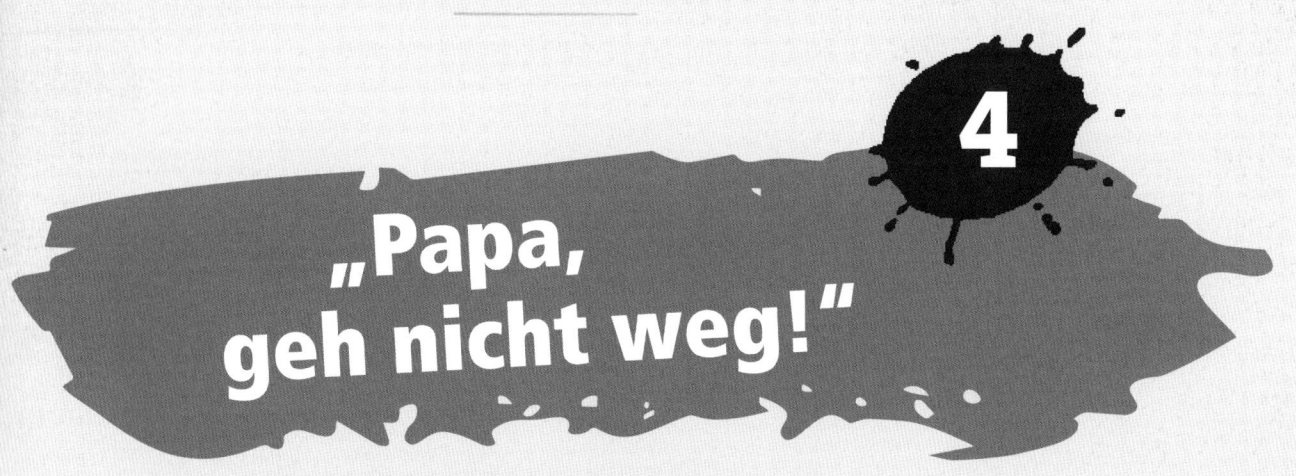

„Papa, geh nicht weg!"

Wie der Übergang in den Kindergarten gelingt

Maxi, vor Kurzem drei Jahre alt geworden, geht seit ein paar Tagen in den Kindergarten. *Und zwar sehr gern, wie sie sagt. Wenn sie ihr Vater mittags abholt, macht sie einen fröhlichen Eindruck. Doch morgens sieht die Welt ganz anders aus: Da weint Maxi herzzerreißend. Jedes Mal beim Abschied überkommt es sie. Kaum hat ihr Vater ihr den Kuss auf die Wange gedrückt, beginnt ihre Unterlippe zu zittern, Tränen schießen ihr in die Augen, die kleinen Hände greifen nach der Jacke ihres Vaters. „Bleib hier",	fleht sie dann.*

Für die meisten Kinder ist der Eintritt in Kindergarten oder Kita der erste Übergang (Transition) ihres Lebens und gleichzeitig ein Riesenschritt hinaus in die Welt. Wurden sie zuvor stets in der Familie umsorgt (von den Eltern natürlich, auch mal von Oma und Opa, der Lieblingstante oder dem Babysitter), erweitert sich ihr Kosmos nun erheblich: Sie lernen eine völlig neue Form der Betreuung kennen, und zwar die institutionelle. Denn so schön der Kindergarten auch eingerichtet sein mag – er ist nicht das Zuhause, und so liebevoll und aufmerksam die Fachkräfte auch sind – sie gehören weder zur Familie noch zum Freundeskreis. Und das ist auch gut und richtig so. Schließlich besteht die Welt ja aus noch mehr wunderbaren Menschen als nur der Familie. Spätestens jetzt beginnt die Zeit, diese Menschen und die damit verbundenen Möglichkeiten kennenzulernen.

Anfangs kann der Neubeginn schmerzhaft sein und nicht selten geht er mit Tränen einher. Verständlich, denn immerhin müssen sich die Kinder – und auch ihre Eltern – an einen völlig neuen Tagesrhythmus gewöhnen, an neue Regeln und letztlich an die Tatsache, ab jetzt regelmäßig für eine gewisse Zeit voneinander getrennt zu sein. Beide müssen Vertrauen aufbauen zu den Fachkräften, und viele Kinder erleben zum ersten Mal, dass sie sich eine Bezugsperson mit anderen Kindern teilen müssen. Damit die Umstellung gelingt und all ihre Herausforderungen gemeistert werden, arbeiten Kitas und Kindergärten mit unterschiedlichen Eingewöhnungsprogrammen an einem behutsamen Übergang in den neuen Lebensabschnitt. Weit verbreitet ist die Eingewöhnung nach dem *Berliner Modell*: Sie dauert zwischen vier und sechs Wochen, wird individuell an das Kind angepasst und gliedert sich in fünf Phasen.

Lassen Sie sich von den Fachkräften genau erklären, wie die Eingewöhnung geplant ist. Das schafft Sicherheit aufseiten aller Beteiligten.

1. **Vorbereitungsphase:** Eltern, Kind und Fachkraft lernen sich *vor dem Start des Kitabesuchs* persönlich kennen. Die Erzieherin oder der Erzieher informiert über die Gestaltung des Eingewöhnungsprozesses und erkundigt sich bei den Eltern nach Vorlieben, Gewohnheiten und Besonderheiten des Kindes: Womit spielt es am liebsten? Wie sind seine Schlafgewohnheiten? Was isst es gern? Hat es Allergien? Wie lässt es sich am besten trösten?

2. Grundphase: An den ersten drei Tagen besucht das Kind die Einrichtung *gemeinsam mit einem Elternteil* für eine Verweildauer von maximal zwei Stunden. Die Bezugsperson verhält sich dabei passiv, das heißt, sie spielt nicht ununterbrochen mit ihrem Kind, sondern ist einfach nur anwesend und signalisiert dem Kind auf diese Weise: „Alles in Ordnung, ich bin da und wenn du möchtest, kannst du dich hier mal umschauen." Die Fachkraft beobachtet das Kind in dieser Zeit und nimmt immer mal wieder Kontakt zu ihm auf, macht ihm zum Beispiel Spielangebote, drängt es aber nicht.

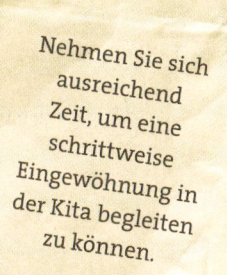

Nehmen Sie sich ausreichend Zeit, um eine schrittweise Eingewöhnung in der Kita begleiten zu können.

3. Erster Trennungsversuch: Am vierten Tag verlässt die Mutter bzw. der Vater den Gruppenraum nach der Verabschiedung für *maximal eine halbe Stunde*, bleibt jedoch in Reichweite, um jederzeit zurückgeholt werden zu können. Wie lange die erste Trennung dauert, richtet sich nach der Reaktion des Kindes: Lässt es sich von der Erzieherin/dem Erzieher beruhigen oder braucht es dazu noch seine Mutter/seinen Vater?

4. Stabilisierungsphase: Je nachdem, wie gut das Kind mit dem ersten Trennungsversuch zurechtkam, werden über einen Zeitraum von sechs Tagen bis drei Wochen *behutsam weitere Trennungen* trainiert. Die Dauer steigert sich langsam, bis das Kind seinen Tag überwiegend oder ganz ohne Eltern in der Kita verbringt. In dieser Phase übernimmt die Fachkraft schrittweise seine Betreuung – also auch während Mutter oder Vater im Gruppenraum anwesend ist.

5. Schlussphase: Nachdem ein Elternteil das Kind gebracht hat, sich verabschiedet hat und gegangen ist, bleibt sie/er *für den Notfall jederzeit erreichbar*. Diese Phase dauert etwa zwei Wochen.

Vertrauen zur neuen Bezugsperson Erzieherin aufbauen

UND UM EINS HOLE
ICH DICH WIEDER AB.

Abgeschlossen ist die Eingewöhnung, wenn das Kind zur Fachkraft so viel Vertrauen aufgebaut hat, dass es sich von ihr trösten lässt, es grundsätzlich gern in die Einrichtung geht und die wichtigsten Abläufe und Regeln dort kennt.

Aus dem Ablauf geht hervor, dass zumindest ein Elternteil während der Eingewöhnung in die Kita verfügbar sein muss. Das zu organisieren, ist oft nicht einfach, aber es lohnt sich, weil es die Übergangszeit für alle erheblich vereinfacht. Was Eltern sonst noch tun können, um ihrem Kind dabei zu helfen, die neuen Herausforderungen zu meistern, lesen Sie auf den folgenden Seiten.

Vertrauen gewinnen

Der wichtigste Rat lautet: Vertrauen Sie auf die Fähigkeiten Ihres Kindes und die der pädagogischen Fachkräfte! Der angeborene Entdeckergeist sorgt bei Kindern dafür, dass sie selbstständig werden wollen, mit anderen Menschen in Kontakt treten, andere Spielsachen ausprobieren und vieles mehr. Natürlich fällt das anfangs nicht leicht, aber Sie können sicher sein, dass die Natur gute Voraussetzungen für einen gelingenden Übergang geschaffen hat. Sie können außerdem davon ausgehen, dass die Fachkräfte es gut mit Ihrem Kind meinen. Natürlich kennt niemand es so gut wie Sie. Aber die Erzieherinnen und Erzieher bringen einen reichen Erfahrungsschatz und eine fundierte Ausbildung mit, sodass Sie sich auf deren Professionalität verlassen können.

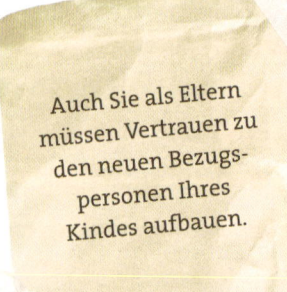

Auch Sie als Eltern müssen Vertrauen zu den neuen Bezugspersonen Ihres Kindes aufbauen.

Vertrauen signalisieren

Aus der Bindungsforschung wissen wir, dass Kinder sich bei ihren engsten Bezugspersonen rückversichern, sobald ihnen etwas nicht geheuer ist: Innerhalb von Sekunden „lesen" sie an der Mimik, dem Verhalten und an den Gesten ab, wie die Situation zu bewerten ist. Zeigen die Eltern Unsicherheit oder Angst, heißt es für das Kind: „Jetzt muss ich auch Angst bekommen!" Sind die Eltern hingegen entspannt und fröhlich, färbt das genauso auf ihr Kind ab. Deshalb lautet der Tipp: Geben Sie Ihrem Kind das Gefühl, dass es völlig o.k. ist, demnächst in die Kita zu gehen. Das fällt natürlich am leichtesten, wenn Sie selbst bereits Vertrauen in die Einrichtung aufgebaut haben. Besuchen Sie dazu die Kennenlern-Tage und Elternabende, tauschen Sie sich mit dem Fachpersonal aus und stellen Sie Fragen, die Sie bewegen. Eine vertrauensvolle Zusammenarbeit mit der Einrichtung gibt Ihnen ein positives Gefühl, das sich auf Ihr Kind übertragen wird.

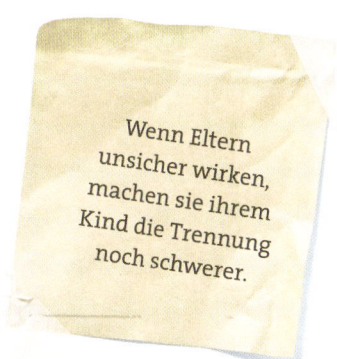

Wenn Eltern unsicher wirken, machen sie ihrem Kind die Trennung noch schwerer.

Wissen vermitteln

Ihrem Kind fällt die Umstellung leichter, wenn es darauf vorbereitet ist. Erzählen Sie ihm, was ein Kindergarten ist und dass es bald so groß sein wird, ihn besuchen zu dürfen. Dabei geht es gar nicht darum, den Kindergarten in den schillerndsten Farben schönzumalen, sondern eher darum, dem Kind feinfühlig und altersangemessen einige Infos zu geben. Besonders gut eignen sich Bilderbücher zum Thema, die Sie mit Ihrem Kind anschauen können.

Übergangsobjekt mitnehmen

Einige Kitas bieten an, dass die Kinder in den ersten Tagen ihr Lieblingsstofftier oder einen anderen Gegenstand von zu Hause mitbringen können. Vielen hilft es, in der noch ungewohnten Umgebung ein solches „Übergangsobjekt" bei sich zu haben. Sollte die Kita das aber nicht erlauben, könnte das Stofftier Ihr Kind jeden Morgen auf dem Weg dorthin begleiten. Beim Abschied könnten Sie vor Ihrem Kind das Stofftier trösten und ihm erklären, dass leider nur echte Kinder in die Kita gehen dürfen. Durch diesen Perspektivwechsel kann sich das Kind ermutigt fühlen und eventuell sogar in die Rolle des Tröstenden schlüpfen.

Kraftspender bei Trennungsschmerz

Ein gewöhnlicher Kieselstein eignet sich sehr gut als Hilfsmittel, um die Trennung von den Eltern besser auszuhalten. Suchen Sie einen schönen Stein, der Ihrem Kind gut in der Hand liegt. Diesen schenken Sie Ihrem Kind und vertrauen ihm an, dass es sich um einen „Du bist nicht allein"-Stein handelt, der ganz allein ihm gehört und wie folgt funktioniert: Der Stein wacht in der Hosentasche über seinen Besitzer, damit dieser die Trennungszeit gut übersteht. Wenn es mal ganz schlimm wird und der Stein-Besitzer traurig ist, weil seine Eltern gerade nicht bei ihm sind, greift er in seine Tasche, umschließt den Stein fest mit seiner Hand und atmet tief durch. Dadurch flößt ihm der Stein Kraft und Mut ein. Kinder sind äußerst empfänglich für Mystisches und in vielen Fällen wirkt ein solch einfaches Hilfsmittel sehr gut. Wichtig ist aber, dass Sie Ihrem Kind den Stein ausführlich und altersangemessen erklären. Eines Tages – wenn Ihr Kind mit Trennungen besser umgehen kann und der Kita-Alltag ihm nicht mehr fremd ist – wird es von selbst feststellen, dass es den „Du bist nicht allein"-Stein jetzt nicht mehr braucht.

Routinen schaffen

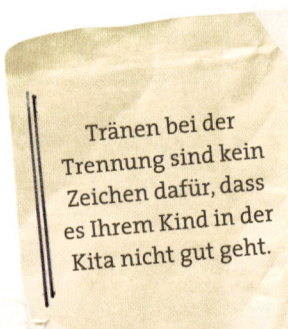

Tränen bei der Trennung sind kein Zeichen dafür, dass es Ihrem Kind in der Kita nicht gut geht.

Regelmäßigkeit und Verlässlichkeit sorgen für ein Gefühl der Sicherheit: Wenn das Kind weiß, was als Nächstes passiert, kann es sich darauf einstellen und wird entspannter, weil es nicht permanent befürchten muss, von Überraschungen „angesprungen" zu werden. Es empfiehlt sich daher besonders in der ersten Kita-Zeit, Routinen zu etablieren, an denen das Kind sich orientieren kann. Bringen Sie es immer zur selben Zeit – und zwar auch, wenn Sie die Gelegenheit hätten, mal später aus dem Haus zu gehen. Gehen Sie niemals heimlich aus der Kita. So nachvollziehbar es ist, sich unbemerkt zu entfernen, sobald sich das Kind beruhigt hat, zu spielen beginnt und eine Weile mal nicht zu Ihnen schaut: Eine ordentliche Verabschiedung ist wichtig, weil ein Kind sonst verinnerlicht, dass es permanent damit zu rechnen hat, plötzlich von Mama oder Papa verlassen zu sein. Führen Sie ein kleines Abschiedsritual ein, nach dem Sie dann tatsächlich gehen. Auch beim Abholen ist Verlässlichkeit wichtig. Holen Sie Ihr Kind nicht auf den letzten Drücker ab. Viele Kinder bekommen schnell Angst, dass Mama oder Papa sie vergessen haben könnten, wenn sich die Reihen am Ende des Kita-Tages lichten und weit und breit kein eigener Elternteil in Sicht ist.

Zeit geben

Kinder brauchen zum Loslassen oft etwas länger als Erwachsene. Das gilt sowohl für den Abschied von den Eltern beim Bringen als auch für den Abschied vom Kindergarten, wenn sie wieder abgeholt werden. Idealerweise planen Sie jeweils so viel Zeit ein, dass Sie nicht in Stress geraten, wenn Ihr Kind sich morgens im Schneckentempo anzieht oder sich nachmittags nicht gleich von einem Spiel losreißen kann. Auch hier gilt: Je entspannter die Eltern, desto entspannter (meist) auch die Kinder. Möglicherweise machen Sie die Beobachtung, dass Ihr Kind zu Beginn seiner Kindergartenzeit schneller gereizt ist, früher müde wird oder nicht sofort erzählen möchte,

Ein Tag in der Kita ist für Kinder anstrengend. Viele brauchen danach eine Pause.

was es alles erlebt hat. Das hat damit zu tun, dass es im Laufe des Tages mit sehr viel Neuem konfrontiert wurde, das es erst einmal verarbeiten muss. Besser als direkt nach dem Kindergarten auf den Spielplatz oder ins Schwimmbad zu gehen ist es daher, einfach ein bisschen auszuruhen und auf dem Sofa zu kuscheln.

Abschied nicht hinauszögern

Auch nach einer gelungenen Eingewöhnung fließen beim Abschied manchmal noch Tränen. Das kann die unterschiedlichsten Ursachen haben: Vielleicht hatte ihr Kind am Vortag Streit mit einem anderen Kind, aber vielleicht ist auch zu Hause etwas anders als sonst, weshalb es lieber dortbleiben möchte, um nichts zu verpassen (Klassiker: Mama oder Papa ist krank). Meistens handelt es sich aber um einen harmlosen „Rückfall", denn im Loslassenkönnen ist das Kind ja noch Anfänger. Gerade dann sollten Sie den Abschied nicht hinauszögern, auch wenn es schwerfällt. Elterliche Unsicherheit überträgt sich sehr schnell auf ein Kind und verstärkt den Trennungsschmerz zusätzlich. Ein guter Kontakt zur Fachkraft beugt hier am besten vor: Klären Sie mit ihr schon im Vorfeld, wie Sie auf die Trennungsangst Ihres Kindes am besten reagieren und wie Sie in dem Fall mit ihr zusammenarbeiten können. Das gibt Ihnen die nötige Sicherheit, die sich automatisch auf Ihr Kind übertragen wird.

Alleine zu schlafen, ist für viele Kinder eine Herausforderung

5

Abschied am Abend

Wie Kinder in den Schlaf finden

Anna möchte heute noch nicht ins Bett, genauso wenig wie gestern zur Schlafenszeit. *Und vorgestern… Obwohl sie ganz offensichtlich müde ist, zögert die Fünfjährige Abend für Abend das Zubettgehen hinaus, feilscht mit den Eltern um jede Minute. Wenn sie dann endlich liegt, steht sie ständig wieder auf. „Ich habe Durst", lautet meistens beim ersten Mal der Grund. Beim zweiten Aufstehen möchte sie nur mal eben nachsehen, ob Mama und Papa noch da sind. Beim dritten Mal hat sie eine dringende Frage: „Wie viele Tage sind es noch bis zu meinem Geburtstag?" Beim vierten Mal muss sie aufs Klo. Und wenn Annas Eltern dann zum fünften Mal die Kinderzimmertür hören, ist es mit ihrer Geduld vorbei.*

Schlaf gut und träum was Schönes? Wenn das mal so einfach wäre! In den meisten Familien ist das Zubettgehen der Kinder von Anfang an eine der größten Herausforderungen für alle Beteiligten. Entwicklungsbedingt ist ein Kind erst ab fünf Monaten in der Lage, selbstständig – also ohne Unterstützung der Eltern durch Stillen, Umhertragen oder sanftes Wiegen – einzuschlafen. Ab diesem Zeitpunkt kann es Schritt für Schritt lernen, allein einzuschlafen. Zumindest in der Theorie. Denn meist ist dies ein langer Prozess, der dem Kind und seinen Eltern einiges abverlangt.

Verwunderlich ist das nicht, wenn man sich klarmacht, dass Schlafengehen für Kinder immer auch ein Abschied ist: vom Tag, von den Spielsachen, von Gemeinschaft, besonders aber von den Eltern. Bekanntermaßen muss entspannt sein, wer gut einschlafen möchte. Aber die Trennung von den Eltern ist für ein Kind genau das Gegenteil von entspannt. Zugegeben: Wenn Kinder einfach nicht ins Bett gehen wollen und wie Anna mit fadenscheinigen Begründungen immer wieder im Wohnzimmer auftauchen, muss nicht unbedingt Trennungsangst dahinterstecken. Mitunter werden hier auch Grenzen ausgetestet („Mal sehen, wie weit ich gehen kann") oder es ist schlicht die Neugier („Was wohl die Eltern und ihr Besuch gerade machen?"). Dennoch sollte klar sein, dass hinter „Ich muss mal aufs Klo" und „Ich habe Durst" oft eine diffuse, aber natürliche Ängstlichkeit steht, und zwar vor dem Alleinsein, der Dunkelheit und der Stille.

Auch beim Thema Schlafen gilt: Finden Sie heraus, was zu Ihrer Familie passt. Vielleicht möchten Sie alle zusammen im Familienbett schlafen?

Vertrauen ist ein Lernprozess

Einschlafen bedeutet auch, die Kontrolle abzugeben. Kindern bis etwa sechs Jahren fällt das besonders schwer. Einerseits verstehen sie bereits mit zwei oder drei Jahren, dass sie am Abend „loslassen" müssen, andererseits wirkt es auf sie bedrohlich, im Schlaf nicht mehr alles mitzubekommen: „Was ist, wenn ich aufwache, und Mama und Papa sind nicht mehr da?" Diese Vorstellung ist so ziemlich das Schlimmste, was sich ein Kind ausmalen kann. Hat es sie einmal im Kopf, ist ans Einschlafen nicht mehr zu denken.

Vertrauen ist das beste Mittel gegen die allabendliche Trennungs-angst. Allerdings entsteht es nicht von heute auf morgen, sondern allmählich aus vielen guten Erfahrungen. Spürt ein Kind durchgän-gig, dass seine Eltern unter allen Umständen für es da sind und keine Gefahr besteht, in der Nacht von ihnen verlassen zu werden, dann wird sich seine Sicher-heit festigen, die es für ein entspanntes Einschlafen braucht. Vertrauensbildende Maßnahmen schaffen also eine gute Basis für den Prozess des Schlafenler-nens. Dazu ein paar grundsätzliche Tipps:

Das Schlafverhalten von Kindern ist sehr individuell. Was bei einem Kind klappt, kann beim Geschwisterkind überhaupt nicht funktionieren.

- Gehen Sie nie heimlich aus dem Haus, wäh-rend Ihr Kind schläft. Sollte es wach werden und vergeblich nach Ihnen rufen, wäre das nur die Bestätigung dafür, dass seine Sorge berechtigt war.

- In der Regel sollte Ihr Kind dort aufwachen, wo es auch einge-schlafen ist. Natürlich kommt es vor, dass es bei einer Autofahrt, auf Ihrem Arm oder auf der Wohnzimmercouch einschlummert. Sobald es aber häufiger schlafend ins Bett getragen wird, ist es beim Aufwachen regelmäßig irritiert: „Wie bin ich denn hierher-gekommen?" Es lernt: „Während ich schlafe, werde ich einfach an einen anderen Ort transportiert, ohne dass ich etwas davon mitbekomme." Keine Frage, dass es diesen Kontrollverlust als be-drohlich empfinden kann.

- Absolute Stille hält manchmal mehr vom Schlafen ab, als leise, positiv besetzte Geräusche es tun. Wird es nämlich plötzlich mucksmäuschenstill, befürchtet Ihr Kind schnell, verlassen wor-den zu sein, und steht auf, um nachzuschauen, ob Sie noch da sind. Machen Sie sich deshalb leise bemerkbar, nachdem Sie Ihr Kind ins Bett gebracht haben – zum Beispiel, indem Sie vor sich hin summend aufräumen oder sich ent-spannt unterhalten.

- Falls Ihr Kind nachts aufwacht und nach Ihnen ruft oder weint, schauen Sie ohne große Verzögerung nach ihm. So macht es die Erfahrung, dass es auch nachts nicht allein gelassen wird.

ICH HAB NOCH MAL DURST.

Monster unterm Bett

Verlässlichkeit schafft Vertrauen. Und Vertrauen macht stark gegen Ängste beim Zubettgehen. Das gilt auch für ein weiteres Thema, das Kinder in diesem Zusammenhang stark beschäftigt: Monster, Hexen und Gespenster. Gruselgestalten treten in der sogenannten magischen Phase auf, die Kinder je nach Entwicklungsstand zwischen dem dritten und fünften Lebensjahr durchlaufen. In dieser Zeit erfinden sie Fantasiefiguren und lassen sie mit Vorliebe im Alltag lebendig werden.

Solche Gestalten empfindet ein Kind während seiner magischen Phase als völlig real. Berichtet es beispielsweise von einem Monster, das unter seinem Bett lauert, nützt es wenig, ihm rational erklären zu wollen, es gebe gar keine Monster. Schauen Sie stattdessen lieber zusammen unter dem Bett nach. Ein Blick und alles ist gut: kein Monster weit und breit. Sicherheitshalber noch den Schrank kontrollieren? Auch da ist die Luft rein. Eine gemeinsame Monsterjagd kann sogar richtig lustig werden. Ihr Kind merkt dabei nicht nur, dass keine Monster da sind, sondern auch, dass Sie beim Nachschauen ja gar keine Angst haben. Das wirkt wesentlich überzeugender als bloß der Satz „Da ist kein Monster".

Schlafbeschützer geben Sicherheit

Falls Ihr Kind noch mehr Sicherheit braucht, erlauben Sie ihm, die Tür beim Einschlafen einen Spalt geöffnet zu lassen, sodass ein schwacher Lichtschein und die vertrauten Stimmen der Eltern es in den Schlaf begleiten. Sie können ihm auch einen „Schlafbeschützer" schenken. Dazu eignet sich ein Stofftier, das Sie in einem kleinen Ritual zu Ihrem Stellvertreter an der Seite Ihres Kindes ernennen: Drücken Sie das Stofftier ein paar Sekunden an sich und erklären Sie Ihrem Kind altersgerecht, dass Ihr Stellvertreter durch diese Zeremonie jetzt mit Ihrer Liebe und Fürsorge aufgetankt ist. Deshalb handelt es sich auch nicht mehr um ein gewöhnliches Stofftier, sondern

Viele Geschwister teilen gerne das Schlafzimmer oder das Bett

um den ganz persönlichen Beschützer Ihres Kindes, der in der Nacht aufpasst. Solch ein Ritual wirkt in der magischen Phase des Kindes oft besonders gut: Seine Fantasie, die die Schreckensfiguren schafft, kann sie nämlich auch wieder vertreiben. Und warum nicht mithilfe eines Talismans? Ein Glitzerstein könnte zum Beispiel als magischer Geistervertreiber auf dem Nachttisch dienen: Er soll einen für Menschen unsichtbaren Schein ausstrahlen, den alle bösen Wesen fürchten, die sich deshalb ganz weit von ihm fernhalten. Und wenn Sie noch ein schönes Nachtlicht in die Steckdose schieben, hat er sogar einen sichtbaren Zauberschein.

Vielen Kindern hilft es, wenn sie ihren Ängsten offensiv, bei Tageslicht und in Begleitung begegnen können: Übergehen Sie sie nicht, sondern regen Sie Ihr Kind an, zum Beispiel ein schaurig-gruseliges Bild zu malen. Setzen Sie sich daneben und sprechen Sie mit ihm über das entstehende Bild. Durch das Malen und das gleichzeitige Gespräch kann Ihr Kind seine Angst an einem schönen Nachmittag in Ihrer Nähe verarbeiten anstatt am Abend allein in seinem Bett. Auf diese Weise verlieren die Gruselgestalten einen Großteil ihrer Bedrohung.

> Kinder in der magischen Phase glauben an Zauberkräfte. Das kann ihnen dabei helfen, die Monster zu vertreiben.

Kinder brauchen Struktur

Damit Kinder abends zur Ruhe kommen können, ist ein geregelter Tagesablauf wichtig. Bei aller Action brauchen Kinder auch eine Struktur, die ihnen Orientierung in ihrem aufregenden Leben ermöglicht. Damit ist nicht gemeint, dass die Familie ein eintöniges Leben führen soll, in dem jeder Schritt von einem minutiösen Tagesplan diktiert wird. Selbstverständlich ist es für Kinder etwas Wunderbares, ab und zu einen außergewöhnlichen, verrückten Tag zu erleben oder länger aufbleiben zu dürfen. Die Betonung liegt aber auf „ab und zu".

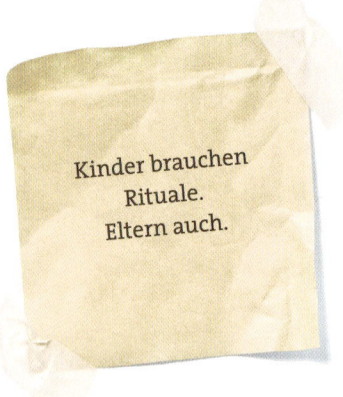

Kinder brauchen Rituale. Eltern auch.

Denn sobald jeder Tag völlig anders abläuft, überfüllt ist mit spontanen Aktivitäten und Kinder nicht vorhersehen können, was als Nächstes passiert, fehlen ihnen Orientierungspunkte, nach denen sie sich ausrichten können. Wer dann plötzlich von dem Satz „Jetzt gehst du aber ins Bett!" überrascht wird, kann nicht von jetzt auf gleich herunterfahren, sondern ist viel zu aufgedreht, um einschlafen zu können. Hilfreicher sind da konstante Essens- und Schlafenszeiten.

Sanfter Übergang zwischen Tag und Nacht

Ein hervorragendes Mittel, um am Ende des Tages allmählich zur Ruhe zu kommen, ist ein regelmäßiges Abendritual. Etwas immer Wiederkehrendes vermittelt Verlässlichkeit, Geborgenheit und Sicherheit. Das Ritual kann mit dem gemeinsamen Abendessen aller Familienmitglieder so gegen 18.30 Uhr beginnen. Eine halbe Stunde freie Zeit könnte sich anschließen, in der Ihr Kind spielen darf oder Sie sich mit ihm beschäftigen. Einzige Bedingung: Es muss etwas Ruhiges sein. Ein Actionfilm im Fernsehen oder wildes Herumtoben scheiden also schon mal aus. Besprechen Sie stattdessen lieber, was es am Tag Schönes erlebt hat, oder erzählen Sie eine Geschichte aus Ihrer Kindheit, schauen Sie zusammen ein Buch an oder kuscheln Sie einfach nur. Ist die halbe Stunde vorbei, kommt als nächste Station das Bad. Dort macht sich Ihr Kind je nach Alter allein oder mit Ihrer Hilfe bettfertig. Danach sagt es dem einen Elternteil gute Nacht und wird vom anderen ins Bett gebracht, wo Sie ihm noch eine Ge-

Rituale geben Geborgenheit und helfen Kindern einzuschlafen

schichte vorlesen. Am besten kuscheln Sie sich dabei aneinander, damit Ihr Kind noch mal so richtig Nähe tanken kann. Dann verabschieden Sie es je nach Gewohnheiten Ihrer Familie in die Nacht und ziehen sich zurück. Dem Wunsch „Gute Nacht und träum schön" kann beispielsweise ein Kuss auf die Stirn oder eventuell auch ein kurzes Nachtgebet vorausgehen.

Dieser Ablauf ist natürlich nur als Beispiel gedacht. Wie Sie Ihr Ritual gestalten, richtet sich nach Ihren Vorlieben und denen Ihres Kindes. Wichtig ist nur, dass es sich (bis auf möglichst wenige Ausnahmen) Abend für Abend wiederholt und nach demselben Schema abläuft. Ganz gleich, ob Sie beten, in einer kleinen Zeremonie die Stofftiere schlafen legen, ein paar Minuten aus dem Fenster schauen und beobachten, wie die Natur ebenfalls zur Ruhe kommt – erlaubt ist, was gefällt. Wenn Sie sich die Funktion des Abendrituals vergegenwärtigen, wird Ihnen schnell klar sein, welche Bestandteile für Ihre Familie geeignet sind: Als Puffer zwischen Tag und Nacht soll es Ihrem Kind dabei helfen, wie bei einem Countdown langsam vom Aktiv- in den Ruhemodus umzuschalten und sich auf die Nachtruhe einzustimmen.

> Ein abendliches Ritual schafft Nähe und Vertrauen – und damit gute Bedingungen, in den Schlaf zu finden.

Kinder lernen Schritt für Schritt, mit starken Gefühlen umzugehen

„Und dann wurde mir plötzlich ganz heiß"

6

Mit Kindern über Gefühle reden

Emma und ihr Vater schauen sich ein Bilderbuch an. *Es geht um einen Jungen, der zum ersten Mal bei einem Freund übernachtet. Als sie an die Stelle kommen, wo er sich fröhlich von seinen Eltern verabschiedet, fragt der Vater: „Wie war das denn bei dir, als du neulich bei Mia geschlafen hast?" Emma überlegt, dann sagt sie: „Mir wurde plötzlich ganz komisch, als ihr weggefahren seid. Das war so ein heißes Kribbeln." „Ich glaube, das Gefühl kenn ich", sagt ihr Vater. „Das nennt man Heimweh."*

Eine der anspruchsvollsten Lernaufgaben der Kindheit ist die Entwicklung emotionaler Kompetenz. Vielleicht verwundert dieser Begriff zunächst, denn Emotionen sind ja bei jedem Menschen schon von Geburt an vorhanden. Gehen lernen muss man, das ist klar – aber Gefühle haben? Das muss man sich doch nicht erst aneignen, oder? Natürlich nicht, aber es geht auch nicht darum, sie sich anzuzeigen, sondern angemessen mit ihnen umzugehen. Denn das ist selbst für Erwachsene manchmal ganz schön schwer.

Gerade starke Gefühle wie Wut, Angst oder Trauer sind oft übermächtig. Sie können verunsichern oder sogar lähmen. Und deshalb ist es wichtig, dass Kinder lernen, mit solchen Emotionen zurechtzukommen. Es geht darum, ein Gespür für die eigenen Gefühle zu entwickeln, um ihnen nicht schutzlos ausgeliefert zu sein. Kinder sollen verstehen lernen, was mit ihnen passiert, wenn sie zum Beispiel wütend werden. Sie sollen in der Lage sein, ihre Gefühle und Stimmungen in Worte zu fassen, um sie anderen mitteilen zu können. Auch die Fähigkeit, sich in andere Menschen hineinzuversetzen, deren Gefühle wahrzunehmen und nachzuvollziehen, gehört zur emotionalen Kompetenz.

> Gefühle drücken sich über unseren Körper aus. Achten Sie auf seine Signale und ermuntern Sie auch Ihr Kind dazu.

Ein gutes Lernfeld: Wenn Eltern ihre Gefühle zeigen

Warum emotionale Kompetenz so wichtig ist

Zugang zu den eigenen Gefühlen zu haben und sinnvoll mit ihnen umgehen zu können, ist eine Fähigkeit, von der man sein Leben lang profitiert. Wer emotional kompetent ist, ...

- ... kann sich selbst und andere Menschen besser verstehen.
- ... kann sich selbst helfen, wenn sich Wut, Trauer oder Angst einstellen.
- ... kann leichter mit Menschen in Kontakt treten, Freundschaften knüpfen und halten.
- ... kann konstruktiv streiten.
- ... verfügt über ein großes Repertoire an Strategien zur Lösung unterschiedlichster Probleme.
- ... kann sich selbst motivieren und wird auch an schwierigen Aufgaben nicht so schnell scheitern.
- ... kann mit Niederlagen und anderen Frustrationen leichter fertig werden.
- ... gewinnt an Selbstständigkeit und Selbstsicherheit und traut sich, auch mal Nein zu sagen.
- ... kann optimistisch und fröhlich durchs Leben gehen.

Natürlich ist die Entwicklung emotionaler Kompetenz ein Weg, dessen Ziel mit der Einschulung noch längst nicht erreicht ist. Aber bereits in der frühen Kindheit sind wichtige Schritte auf diesem Weg möglich.

> Emotionale Kompetenz stärkt die Persönlichkeit.

Falsche Gefühle gibt es nicht

Wie können wir als Eltern unsere Kinder dabei unterstützen? Zunächst einmal, indem wir ihre Emotionen akzeptieren und ihnen vermitteln, dass Gefühle niemals schlecht oder falsch sind. Falsch oder schlecht kann höchstens die Reaktion auf ein Gefühl sein: Zum Beispiel darf man aus Wut zwar niemandem wehtun oder Sachen zerstören – aber wütend sein darf man. Wir sollten also darauf achten, die Gefühle unserer Kinder nicht mit Sätzen wie „Vor einer Katze brauchst du doch keine Angst zu haben!" herunterzuspielen. Auch wenn wir selbst keine Angst vor Katzen verspüren mögen, kann und darf unser Kind sie empfinden, und das müssen wir akzeptieren. Wir können unseren Kindern helfen, ihre Gefühle wahrzunehmen und in Worte zu fassen („Ich bin wütend, weil …", „Ich habe Angst vor …"). Im Folgenden ein paar konkrete Anregungen:

Eltern sind Vorbilder

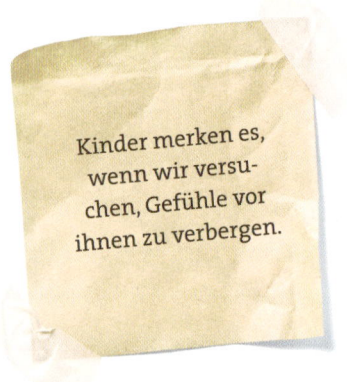

Kinder merken es, wenn wir versuchen, Gefühle vor ihnen zu verbergen.

Fangen wir doch bei uns selbst an: Viele Eltern versuchen, die eigenen unangenehmen Gefühle vor den Kindern zu verbergen. Das ist gut gemeint, funktioniert aber fast nie, denn Kinder haben sensible Antennen für Befindlichkeiten. Sind wir traurig, wütend oder ängstlich, merkt es das Kind sowieso. Deshalb verunsichert die gut gemeinte Beschwichtigung „Es ist alles gut" es nur noch mehr, weil das Gesagte in Widerspruch steht zu unseren nonverbalen Signalen. Könnte unser Kind seine Wahrnehmung in Worte fassen, würde es wahrscheinlich fragen: „Warum geben sich Erwachsene solche Mühe, ihre Gefühle zu verbergen? Sind denn Gefühle etwas Schlimmes?" Natürlich haben wir Gefühle und können sie unseren Kindern auch durchaus bis zu einem gewissen Grad zumuten. Erzählen wir ihnen also ruhig, wie wir uns darüber geärgert haben, dass sich die Frau erst an der Supermarktkasse und danach noch an der Brottheke vorgedrängelt hat: „Heute ist mir was passiert, also ich war stinksauer …". So erfahren Kinder, dass man auch mal „stinksauer" sein darf.
Selbst für schwierigere Situationen lassen sich mit etwas Fingerspitzengefühl kurze, kindgerechte Erklärungen finden: „Ich bin traurig, weil ich mich mit Papa gestritten habe. Deshalb musste ich gerade weinen. Das kennst du doch auch: Man streitet sich manchmal, das ist ein doofes Gefühl, aber es kommt vor. Dann ist man eine Zeit lang traurig, aber danach verträgt man sich wieder. Denn streiten bedeutet nicht, dass man sich nicht mehr lieb hat." Diese offene Erklärung geht nicht zu sehr ins Detail, aber sie genügt, um dem Kind die Situation verständlich zu machen. Sie gibt ihr sogar eine positive Perspektive, denn die Botschaft lautet: Ja, es gibt traurige Momente im Leben, aber man kann auch etwas dafür tun, dass es wieder gut wird.

Gefühle in Worte fassen

<u>Ein Kind, das seine Emotionen akzeptieren und beschreiben kann, gewinnt an Selbstsicherheit.</u> Es weiß, dass es für diese unangenehmen Zustände Namen gibt, und das bedeutet: „Auch andere Menschen haben das. Ich kann mich mit ihnen darüber austauschen und bin meinen Stimmungen nicht ausgeliefert." Hilfreich ist es, wenn Sie mit Ihrem Kind ungezwungen über Gefühle, deren Auslöser, Anzeichen und Wirkungen sprechen. Gelegenheiten dazu gibt es viele. Beobachten Sie Ihr Kind: Wie geht es ihm? Kommt es zum Beispiel bedrückt aus dem Kindergarten? Dann fragen Sie einfach mal nach: „Ich sehe, du bist heute nicht so fröhlich wie sonst. Was ist los?" Vielleicht öffnet es sich dann schon, vielleicht antwortet es aber auch: „Ich weiß nicht". Gefühle sind eine komplizierte Sache und es fällt schwer, sie in Worte zu fassen. Drängen Sie Ihr Kind deshalb nicht und geben Sie ihm Zeit. Seine Sprachlosigkeit oder sein Ausweichen sind nicht böser Wille, sondern der Versuch, die passenden Worte zu finden. Ungeduldiges Nachhaken wie etwa „Nun sag doch endlich, was los ist!" machen dem Kind nur Druck und nehmen ihm den Mut, sich zu öffnen. Wenn Sie also nicht hartnäckig bohren, sondern erst einmal mit Ihrem Kind zusammensitzen oder es in den Arm nehmen, fängt es wahrscheinlich irgendwann an zu erzählen. Dann ist es wichtig, ihm aufmerksam zuzuhören, auch wenn Sie längst ahnen, was Ihr Kind beschäftigt: Unterbrechen Sie es nicht, sondern lassen Sie es so lange berichten, wie es möchte. Hören Sie aktiv zu und schauen Sie ihm in die Augen. Signalisieren Sie durch Nicken, dass Sie verstanden haben, und fassen Sie das Gesagte zusammen: „Yannick hat dir also zuerst deine Schaufel weggenommen und dich dann nicht auf die Rutsche gelassen. Ich kann gut verstehen, dass du wütend bist. An deiner Stelle wäre ich auch sauer."

> Alle Gefühle sind in Ordnung. Das gilt für Jungen und Mädchen. Vermeiden Sie Klischees wie „Jungen weinen nicht."

Anlässe für Gespräche

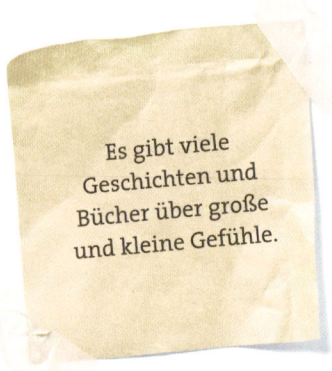

Es gibt viele Geschichten und Bücher über große und kleine Gefühle.

Oft hilft ein kleiner Trick, um es Kindern zu erleichtern, von sich zu erzählen, und zwar der Umweg über eine kleine Geschichte, deren Anfang Sie erzählen: „Es war einmal ein Mädchen, das hieß Hannah. Hannah war die meiste Zeit fröhlich. Doch eines Tages wurde sie ziemlich wütend. Was war geschehen?" An dieser Stelle bitten Sie Ihr Kind, die Geschichte weiterzuerzählen. Auf diese Weise erfahren Sie mehr über die Gefühle Ihres Kindes, denn natürlich wird es einen Verlauf erfinden, den es von sich selbst kennt. Es wird sich fragen: „Warum würde *ich* wütend werden?" Um das zu verstärken, können Sie dem Kind in der Geschichte den Namen Ihres eigenen Kindes geben.

Auch mithilfe von Büchern können Sie mit Ihrem Kind über Gefühle sprechen. Beim Vorlesen oder gemeinsamen Anschauen lässt sich an geeigneter Stelle fragen: „Was denkst du, wie fühlt der sich wohl gerade? Ging es dir auch schon mal so? Wie war das, erzähl doch mal." Dabei geht es nicht darum, ein Problem zu suchen. Allein ein Gefühl zu erwähnen – auch ein positives – und ein bisschen darüber nachzudenken, trainiert bereits die emotionale Kompetenz.

Kindern aufmerksam zuhören

Einen künstlerischen Zugang bietet das Malen. Ist Ihr Kind nicht mehr ganz so klein, könnten Sie es zu einem Bild über ein bestimmtes Gefühl anregen: „Versuch doch mal, ein richtig fröhliches Bild zu malen", oder „Welche Farbe hat wohl Angst, wie würdest du sie malen?". Das so entstandene Werk ist ein guter Anlass, über das jeweilige Gefühl ins Gespräch zu kommen.

So geht es mir gerade

Eine kindgerechte Anregung, sich mit der Frage „Wie geht es mir gerade?" zu beschäftigen, bietet ein „Stimmungsbarometer", das Sie selbst basteln können. Auf einen Papierstreifen malen Sie von oben nach unten drei Symbole: oben einen fröhlichen Smiley, in der Mitte einen mit neutraler Mundlinie und unten einen mit den Mundwinkeln nach unten.

Nun ermuntern Sie Ihr Kind, seine momentane Stimmung auf dem Streifen anzuzeigen. Der obere Rand des Streifens bedeutet „Glücklicher geht's nicht", der untere Rand bedeutet „Trauriger geht's nicht" – zwischen diesen Extremen kann es seine Stimmung einordnen. Vielleicht möchte Ihr Kind erst eine Weile überlegen oder es braucht Anleitung. Wenn es seine Stimmung auf dem Streifen gezeigt hat, heften Sie eine Büroklammer an die entsprechende Stelle. Später lässt sich dann vergleichen: „Geht es dir jetzt besser als vorhin?"

Das kennen auch Erwachsene: Manchmal ist es gar nicht einfach, seine aktuelle Gefühlslage zu beschreiben.

Nach demselben Prinzip funktioniert ein Emotionswürfel, der schon differenziertere Gefühle anzeigt, insgesamt sechs. Auf jeder Seite des Würfels ist ein Gesicht abgebildet: ein fröhliches, trauriges, ängstliches, müdes, überraschtes und wütendes. Einen solchen Würfel kann man aus einem Kunststoff-Fotowürfel (erhältlich im Fotofachhandel) und eigenen Bildern selbst herstellen. Mit gefühlserfahrenen Kinder klappt die spannendste Variante: Bitten Sie Ihr Kind, die sechs Gefühle auszudrücken. Seine verschiedenen Gesichter fotografieren Sie, drucken sie aus und befestigen sie im Würfel, der dann seinen festen Platz auf dem Nachttisch Ihres Kindes hätte. Immer soll die Seite, die oben liegt, anzeigen, wie es sich gerade fühlt.

Zurückhaltende Kinder brauchen oft einfach nur mehr Zeit

7

„Ich trau mich nicht"

Schüchternen Kindern Mut machen

Leo liebt Fußball über alles. *Sein Vater und er gehen oft in den Park und spielen eine Runde – das macht immer großen Spaß. Heute ist Leo mit Papas Schwester im Park. „Schau mal", sagt sie und bleibt stehen. „Da vorne spielen Kinder Fußball. Frag doch mal, ob du mitspielen darfst." Aber Leo fragt nicht, sondern greift nach der Hand seiner Tante. Er beobachtet die anderen Kinder und tritt von einem Bein aufs andere. Als ein Tor fällt und die Kinder jubeln, huscht auch Leo ein Lächeln übers Gesicht. Er lässt die Hand seiner Tante los, geht zögernd auf die Kinder zu, kehrt aber nach ein paar Schritten wieder um. „Ich möchte heute nicht Fußball spielen", sagt er.*

Ist Ihr Kind schüchtern? Dann ist es nicht allein. Rund einem Drittel aller Kindergartenkinder fällt es mehr oder weniger schwer, Kontakt zu Gleichaltrigen aufzunehmen. Obwohl sie gern mitspielen würden, trauen sie sich nicht, auf andere Kinder zuzugehen, und verhalten sich selbst auch zurückhaltend und abwartend, sobald andere auf sie zukommen. Die Psychologie nennt das „Annäherungs-Vermeidungskonflikt": Nicht mangelndes Interesse hält die Schüchternen zurück, sondern eine hohe innere Hemmschwelle, vergleichbar mit starkem Lampenfieber.

Nicht nur auf die Defizite schauen: Zurückhaltende Kinder haben besondere Stärken.

Woher kommt die Schüchternheit?

Dafür gibt es mehrere Ursachen. Die Veranlagung zur Schüchternheit gilt als angeboren. Bereits bei Zweijährigen stellten amerikanische Forscher deutliche Unterschiede in ihren Angstreaktionen auf fremde Reize fest. Diese „Disposition zur Schüchternheit" kann sich durch negative Erfahrungen verfestigen. Wer zum Beispiel ausgelacht wird, weil ihm etwas misslungen ist, und ohnehin schon über ein tendenziell ängstliches Temperament verfügt, entwickelt schneller als andere eine „Bewertungsangst". Die Hemmungen resultieren dann aus der Sorge, von den anderen abgelehnt, nicht gemocht zu werden. Wenn ein Kind Schwierigkeiten im Kontakt zu Gleichaltrigen hat, sich gegenüber Erwachsenen jedoch offen verhält, kann das ein Zeichen für diese Form von Schüchternheit sein. Auch das sogenannte „Lernen am Modell" spielt bei Schüchternheit eine wichtige Rolle: Kinder schauen bei ihren Vorbildern Verhaltensweisen ab und wenn die Eltern selbst von zurückhaltendem Temperament sind, übernehmen ihre Kinder solche Muster häufig.

Die Frage lautet: Ist das wirklich schlimm? Wollen wir denn eine Gesellschaft aus lauter Draufgängern? Oder können wir akzeptieren, dass es Menschen gibt, die etwas länger brauchen, um Kontakt zu knüpfen? Ist es nicht vielleicht sogar positiv, wenn es Menschen gibt, die sich erst einmal zurückhalten und nicht gleich ihre Ellenbogen benutzen, um sich durchzusetzen? Keine Frage: Unsere Gesellschaft ist laut und vermittelt das Gefühl, dass ein maximales Durchsetzungsvermögen

Die Schüchternheit gelassen nehmen und keinen Druck ausüben

unabdingbare Voraussetzung für den Erfolg im Leben ist. Doch das stimmt nicht: Eine Langzeitstudie des Münchener Max-Planck-Instituts hat herausgefunden, dass schüchterne Kinder später als Erwachsene beruflich und privat genauso erfolgreich und glücklich sind wie ihre vermeintlich durchsetzungsstarken Altersgenossen.

Tipps für mehr Selbstbewusstsein

Falls Ihr Kind also schüchtern ist, bleiben Sie gelassen. Ein gewisses Maß an Zurückhaltung gegenüber Unbekanntem ist völlig normal und kein Grund zur Beunruhigung. Schüchterne bereichern uns genauso wie Draufgänger und beide können voneinander lernen. Manche Kinder, die wir als schüchtern erleben, sind auch schlichtweg nur Einzelgänger. Sie spielen lieber allein, ohne dass ihnen dabei etwas fehlt. Beobachten Sie Ihr Kind, wenn es mit Fremden zusammen ist. Typisch für Schüchternheit ist ambivalentes, konflikthaftes Verhalten: Einerseits möchte Ihr Kind gern Kontakt aufnehmen, andererseits traut es sich nicht. Darunter könnte es tatsächlich leiden, weil es ihm zum Beispiel beim Schließen von Freundschaften oder beim Erkunden eines neuen Umfelds im Wege steht. Dann können Sie ihm helfen, indem Sie sein Selbstbewusstsein stärken. Dazu im Folgenden ein paar Tipps:

> Druck ist kein geeignetes Mittel, um schüchterne Kinder zu motivieren.

- Zeigen Sie Ihrem Kind, dass Sie es so lieben, wie es ist, egal, ob es mutig ist oder Angst hat. Gut gemeinte Appelle wie „Sei nicht so schüchtern" oder „Wehr dich doch" verstärken die Unsicherheit, weil ein schüchternes Kind aus solchen Sätzen heraushört: „So bist du nicht in Ordnung, sei bitte anders". Das überfordert es, denn es kann sich nicht dazu zwingen, nicht mehr schüchtern zu sein.

- Haben Sie Geduld mit Ihrem Kind und drängen Sie es nicht. Gestehen Sie ihm sein eigenes Tempo zu. Es ist ja imstande, Kontakte zu knüpfen, braucht dafür nur länger.

- Übertragen Sie Ihrem Kind kleine Aufgaben, die es bewältigen kann, zum Beispiel in der Hausarbeit (je nach Alter: Tisch decken, beim Aufräumen helfen, Obst schneiden, Brötchen kaufen). Damit signalisieren Sie ihm, dass Sie ihm etwas zutrauen, und ermöglichen ihm Erfolgserlebnisse.

- Loben Sie Ihr Kind, wenn es eine Aufgabe erledigt hat. Veranschaulichen Sie ihm, warum das eine große Hilfe für Sie war: „Danke, dass du die Brötchen gekauft hast. In der Zwischenzeit konnte ich deine kleine Schwester wickeln."

- Spiegeln Sie Ihrem Kind Erfolge. Das abendliche Bettkantengespräch eignet sich bestens dazu. Lassen Sie den Tag gemeinsam Revue passieren und heben Sie die Fortschritte Ihres Kindes hervor: „Du hast dich heute getraut, Lilli zu fragen, ob sie mit dir spielt? Das war sicher ganz schön schwer, oder? Ich finde es toll von dir, dass du trotzdem so mutig warst."

- Schaffen Sie Situationen, in denen es Ihrem Kind leichter fällt, Kontakte zu knüpfen. Laden Sie zum Beispiel ein Kind aus der Nachbarschaft oder aus seiner Kindergartengruppe zum Spielen ein. In der vertrauten Umgebung des Zuhauses und mit Ihnen an seiner Seite fühlt sich Ihr Kind sicherer und wird sich leichter überwinden. Sie sollten dabei jedoch behutsam und feinfühlig vorgehen, also nichts forcieren, sondern zunächst ungezwungen mit Ihrem Kind und seinem Gast spielen. Sobald Sie merken, dass die Situation von allein funktioniert, halten Sie sich im Hintergrund.

Viel zu schüchternes Kind? Wo Sie Hilfe bekommen

Scheuen Sie sich nicht, Hilfe in Anspruch zu nehmen, wenn die Schüchternheit Ihres Kindes Sie beunruhigt. Das ist besonders dann ratsam, wenn Ihr Kind aufgrund seiner Ängste stark leidet, es also viele Dinge nicht tun kann, die es gern tun würde. Neben der Erzieherin oder dem Erzieher ist der Kinderarzt ein guter Ansprechpartner. In der Regel kennt er Ihre Tochter oder Ihren Sohn bereits und er verfügt über umfangreiche Kenntnisse und Erfahrungen. Vereinbaren Sie einen Termin ohne Zeitdruck, am besten gegen Ende seiner Sprechstunde. Gegebenenfalls wird er vorschlagen, die Meinung eines Kinderpsychologen einzuholen – dann bitten Sie ihn um eine Empfehlung. Sie können sich außerdem an eine Erziehungsberatungsstelle in Ihrer Nähe wenden. Adressen sind im Internet unter www.bke.de zu finden.

- Probieren Sie mit Ihrem Kind Rollenspiele aus, um zu üben, wie man andere anspricht. So kann es Verhaltensweisen ausprobieren, ohne negative Folgen fürchten zu müssen. Rollenspiele eignen sich besonders dazu, angstbesetzte Situationen nachzustellen. Traut sich Ihr Kind nicht, andere anzusprechen, schlüpfen Sie in die Rolle eines Kindes, mit dem es dann die Kontaktaufnahme üben kann. Alternativ können Sie auch die Rolle Ihres eigenen Kindes übernehmen. So lassen sich auch Perspektivwechsel ausprobieren: „Versuch mal, das mutigste Mädchen der Welt zu spielen: Wie redet es? Wie geht es? Was macht es?" Ihr Kind wird dabei nicht nur jede Menge Spaß haben, sondern auch erfahren, wie es sich anfühlt, mutig zu sein. Ähnliche Effekte erzielen kleine Übungen, bei denen ihr Kind aus sich herausgehen kann: Wer schreit am lautesten? Wer zieht die ekligste Grimasse?

Erfolge machen stark: Ermöglichen Sie Ihrem schüchternen Kind viele positive Erfahrungen.

- Unterstützen Sie die Eigeninitiative Ihres Kindes. Malt es gern? Dann stellen Sie ihm ausreichend Material dafür zur Verfügung. Garantiert wird Ihr Kind stolz sein, wenn Sie sein Bild in der Wohnung aufhängen.
- Falls Sie das Gefühl haben, dass Ihr Kind unter Bewertungsangst leidet, also befürchtet, von den anderen nicht gemocht zu werden, bietet sich ein Gespräch mit der Fachkraft an. Versuchen Sie, gemeinsam herauszufinden, ob Ihr Kind tatsächlich von der Gruppe ausgegrenzt wird, welche Gründe das haben könnte und welche Gegenmaßnahmen in Frage kommen.

Auch Eltern haben Trennungsängste

8

„Sie braucht uns doch!"

Wenn Eltern schlecht loslassen können

Carla ist schon zwei Jahre alt *und bisher konnten sich ihre Eltern, Judith und Torben, nicht vorstellen, irgendetwas ohne ihre Tochter zu unternehmen. Doch heute ist es so weit: Zum ersten Mal nach Carlas Geburt wollen sie zu zweit essen gehen. Torbens Mutter hatte sie dazu überredet: „Ihr müsst mal wieder etwas für euch tun", sagte sie. „Macht euch keine Sorgen, ich passe so lange auf Carla auf". Doch kaum in ihrer Lieblings-Trattoria angekommen, will sich keine rechte Freude bei den beiden einstellen: Ob Carla wohl jetzt gerade weint? Beim Abschied war sie ja schon ziemlich traurig, oder? Ob die Oma sie auch richtig trösten kann?" – „Irgendwie fehlt Carla mir", sagt Judith, „und das Essen schmeckt mir auch nicht." Torben geht es genauso. Sie verzichten auf das sonst so begehrte italienische Dessert und den Espresso, zahlen schnell und fahren heim.*

Oft ist es uns gar nicht bewusst, aber Trennungsangst haben nicht nur Kinder, sondern auch wir Eltern. Besonders intensiv spüren wir sie, wenn wir unser Kind in die Obhut eines Babysitters geben, wenn wir es nach der Eingewöhnung im Kindergarten zurücklassen oder wenn wir ihm nachschauen, wie es zum ersten Mal allein zur Schule geht. Meist haben wir dabei ein mulmiges Gefühl in der Magengegend oder einen Kloß im Hals, aber manchmal fließen auch bei Eltern die Abschiedstränen. Das ist ganz normal, denn Trennungen schmerzen fast immer, das liegt in der Natur der Sache. Aber die Sorge kann auch überhandnehmen und für Eltern und Kinder zur großen Belastung werden.

Der Säbelzahntiger im Kindergarten

So stellt sich die Frage: Wie viel Trennungsangst ist noch im grünen Bereich und ab wann sollte man etwas gegen sie unternehmen? Um die Antwort hierauf zu finden, hilft es, sich zu verdeutlichen, warum wir überhaupt Angst haben. Angst entsteht immer durch eine Bedrohung – oder genauer: durch eine Situation, die als Bedrohung empfunden wird. Evolutionsgeschichtlich betrachtet ist Angst ein überlebenswichtiges Warnsystem: Begegneten unsere Urahnen einem hungrigen Säbelzahntiger, reagierten sie mit Angst, die ihre Aufmerksamkeit auf die Gefahr fokussierte und den Körper auf Flucht oder Angriff vorbereitete. Davon ist auch das mulmige Gefühl im Magen erhalten geblieben: Wer Angst empfindet, hat keinen Appetit, und das ist sinnvoll. Denn würden wir in einer gefährlichen Situation essen, würde uns das sowohl auf der Flucht als auch beim Angriff einschränken. Und genauso ist das auch heute noch. Klar, ohne Zweifel wäre es erheblich gefährlicher, das eigene Kind mit einem Säbelzahntiger allein zu lassen, als es für ein paar Stunden im Kindergarten oder von einem Babysitter betreuen zu lassen. Aber vom Prinzip her ist es dasselbe: Wenn wir Trennungsangst spüren, interpretiert unser Unterbewusstsein das Loslassen unseres Kindes als bedrohliche Situation. Immerhin haben wir es dann nicht mehr im Blick und sehen nicht, ob es weint oder vielleicht getröstet werden muss. Wir bekommen nicht mit, ob es vielleicht von anderen geärgert wird und wir es beschützen müssten.

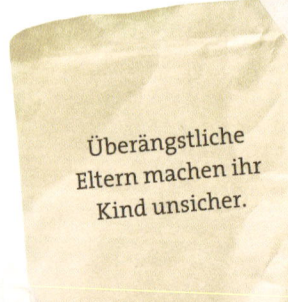

Überängstliche Eltern machen ihr Kind unsicher.

Loslassen heißt nicht wegstoßen

Unter diesem Aspekt bringt die Trennung von unserem Kind also durchaus eine gewisse Verunsicherung mit sich, weshalb eine leichte Angstreaktion nachvollziehbar ist. Bedenklich wird diese hingegen, wenn sie der Situation nicht angemessen ist und wir die „Bedrohung" wesentlich gefährlicher einschätzen, als sie tatsächlich ist. Das kennen viele Menschen: Sie fürchten sich beispielsweise vor Spinnen, obwohl von den meisten Arten dieser Gattung objektiv keine Gefahr ausgeht. Zu groß ist Angst aber auch dann, wenn sie Leidensdruck erzeugt und den Alltag einschränkt. Und das kann Trennungsangst leider sehr gut: Bei manchen Eltern geht das mulmige Gefühl, das unmittelbar beim Abschied entsteht, einfach nicht weg. Sie fühlen sich leer und elend, sobald sie ihr Kind nicht um sich haben, und können kaum noch etwas anderes tun, als darüber nachzudenken, was es wohl gerade macht. Und weil das nur schwer auszuhalten ist, vermeiden Eltern Trennungen, so gut es eben geht. Sie gönnen sich zum Beispiel keine Zeit zu zweit mehr, weil stets mindestens ein Elternteil beim Kind sein zu müssen glaubt.

Natürlich hat das Kind ein sensibles Gespür für die Auswirkungen des elterlichen Nicht-loslassen-Könnens. Denn deren Angst überträgt sich und so lernt das Kind am Verhalten seiner Eltern, dass jede Trennung eine Gefahr darstellt. Dass es sich dann irgendwann gar nicht mehr von seinen Eltern trennen will, liegt auf der Hand. Sein Forscher- und Autonomiestreben (beschrieben in Kapitel 2) kann es nur ganz eingeschränkt aktivieren, weil die elterliche Sorge es verunsichert. Und wer verunsichert ist, bleibt lieber gleich auf dem Schoß der Eltern, anstatt sich auf Entdeckungstour zu begeben. Der

Die Aufgabe der Eltern: Halt geben – und loslassen

renommierte Erziehungswissenschaftler Albert Wunsch bringt diesen Zusammenhang mit der Formel „Überbehüten fördert Unselbstständigkeit" auf den Punkt. Es nutzt also auch dem Kind, wenn Eltern ihre Trennungsangst in einem angemessenen Rahmen halten können. Aber wie?

Was ängstliche Eltern tun können

Denken Sie realistisch. In vielen Fällen genügt es bereits, einmal tief durchzuatmen und sich ganz nüchtern zu fragen, ob die Gefahr, die für das Kind von einer zeitweiligen Trennung ausgeht, wirklich so groß ist. Weder Babysitter noch Kindergarten sind gefräßige Säbelzahntiger, sondern meinen es gut mit Ihrem Kind.

Vertrauen Sie Ihrem Kind. Trauen Sie Ihrem Kind etwas zu, es kann oft mehr, als Sie denken. Rufen Sie sich in Erinnerung, dass auch Ihr Kind über ein Warnsystem „Angst" verfügt, das es von allzu gefährlichen Unternehmungen abhält. Sogar Kinder, die im Beisein ihrer Eltern waghalsig sind, handeln meist viel vorsichtiger, sobald sie nicht unter Beobachtung stehen. Sie spüren, dass sie dann mehr Verantwortung für sich selbst haben, und verhalten sich entsprechend.

Vertrauen Sie der Aufsichtsperson. Auch wenn Sie selbst nicht anwesend sind: Ihr Kind ist nicht auf sich allein gestellt. Die Fachkräfte im Kindergarten sind Profis, verfügen über eine fundierte Ausbildung und können mit Kindern umgehen. Großeltern lieben ihr Enkelkind, und andere „Betreuer" werden Sie mit Sicherheit sorgfältig ausgewählt haben, bevor Sie ihnen Ihr Kind anvertrauen. Es ist also in guten Händen.

Machen Sie sich klar, dass Kinder Trennungen brauchen. Ja, eine Trennung tut weh, aber sie bringt Ihr Kind auch weiter. Sie ist eine Bereicherung, die es wachsen lässt und seine Selbstständigkeit fördert.

Tun Sie etwas für sich. Während Ihr Kind beim Babysitter, bei den Großeltern oder in der Kita ist, wird es Dinge tun, die es in Ihrem Beisein vielleicht nicht so gut tun kann: Es wird sich verwöhnen lassen, neue Kontakte knüpfen, Spielsachen ausprobieren, die es zu Hause nicht gibt, kurz: Es wird seine Freiheit auch genießen. Machen

Wenn Sie merken, dass Ihnen die Trennung von Ihrem Kind schwerfällt, lassen Sie Ihren Partner das Kind in die Kita bringen.

Hat mein Kind seine Erzieherin lieber als mich?

Gar nicht selten fällt Eltern der Abschied von ihrem Kind auch deshalb so schwer, weil sie befürchten, es könne zu der Person, die es betreut, ein innigeres Verhältnis aufbauen als zu ihnen. Aber das wird nicht passieren. Selbst wenn Ihr Kind in höchsten Tönen von seiner Erzieherin schwärmt: An die Bindung, die in den ersten Lebensmonaten zwischen Eltern und Kind entsteht, reicht nichts und niemand heran. Mal abgesehen davon, dass das pädagogische Personal im Kindergarten in einem professionellen Verhältnis zu Ihrem Kind steht, das zwar von Empathie und Liebe geleitet wird, jedoch niemals eine Konkurrenz zu den Eltern aufbauen will. Stellen Sie sich also nicht selbst in Frage, wenn Ihr Kind seine Erzieherin mag, sondern freuen Sie sich darüber, dass es ihr gelungen ist, Ihrem Kind einen unkomplizierten und schönen Übergang in die Kita zu ermöglichen.

Sie es genauso und nutzen Sie die Zeit – vor allem, wenn Sie gerade nicht arbeiten müssen – um Dinge zu tun, die mit Kind nicht so ohne Weiteres möglich sind: Gönnen Sie sich die Zweisamkeit mit Partnerin oder Partner, gehen Sie in ein schönes Café, treffen Sie sich mit Freunden, lesen Sie, lassen Sie die Seele baumeln. Auch Ihr Kind profitiert davon, wenn Sie beim Wiedersehen ausgeglichen sind.

Nehmen Sie Hilfe in Anspruch. Falls Sie das Gefühl haben, Ihre Trennungsangst nicht in den Griff zu bekommen, sollten Sie sich professionelle Unterstützung holen, zum Beispiel von einem psychologischen Psychotherapeuten. Aber nicht mit dem Ziel, keine Angst mehr zu haben, sondern um zu lernen, mit der Angst so umzugehen, dass sie Sie (und dadurch auch Ihr Kind) nicht mehr so stark einschränkt. Eine Verhaltenstherapie ist wissenschaftlich anerkannt, wird von der Krankenkasse bezahlt und hat optimale Erfolgsaussichten. Sie ändert den Blick auf die Ängste, erarbeitet und trainiert neue Möglichkeiten des Umgangs damit.

Erster Ansprechpartner ist Ihr Hausarzt: Er wird Sie beraten und kann Ihnen einen Psychotherapeuten empfehlen. Sie können sich auch an Ihre Krankenkasse wenden und sich nach Psychologen in Ihrer Nähe erkundigen.

> Manchmal brauchen uns die Kinder weniger als wir sie brauchen.

Eine unersetzbare Erfahrung: Dinge alleine bewältigen zu können

9

Hilf mir, es selbst zu tun

Erziehung, die selbstständig macht

„**Hilf mir, es selbst zu tun.** *Zeige mir, wie es geht. Tu es nicht für mich. Ich kann und will es allein tun. Hab Geduld, meine Wege zu begreifen. Sie sind vielleicht länger, vielleicht brauche ich mehr Zeit, weil ich mehrere Versuche machen will. Mute mir Fehler und Anstrengung zu, denn daraus kann ich lernen.*"[1] *Die berühmte italienische Reformpädagogin Maria Montessori (1870 – 1952) formulierte diese Bitte eines Kindes an seine Erziehungspersonen. Und es ist gar nicht so schwer, sie zu erfüllen.*

Wie bereits in Kapitel 2 beschrieben, bringen Kinder von Natur aus den Drang mit, selbstständig zu werden. Sie verfügen über eine fröhliche Neugier, suchen die Herausforderung und möchten aktiv an der Welt teilnehmen. Selbst zu *handeln* ist ihr Bedürfnis und nicht, immer nur von anderen *behandelt* zu werden. Dieses Streben nach Autonomie beginnt schon früh und Eltern unterstützen ihre Kinder von Anfang an am besten dadurch, dass sie sie ermutigen und nicht daran hindern, Neues auszuprobieren. Natürlich müssen sie auch Grenzen setzen und Verbote oder Warnungen aussprechen: Ein Kleinkind, das im Begriff ist, auf eine heiße Herdplatte zu fassen oder mit seinem Dreirad am Straßenverkehr teilnehmen möchte, muss selbstverständlich davon abgehalten werden. Viel häufiger als zu solchen objektiv gefährlichen Vorhaben treibt das angeborene Forscherprogramm Kinder jedoch zu Herausforderungen, die sie durchaus bewältigen können. Wie schnell wir sie im Alltag in gut gemeinter Absicht daran hindern, soll das folgende Beispiel zeigen:

> Alles, was Ihr Kind schon allein kann, sollten Sie ihm nicht abnehmen.

Anstrengung zahlt sich aus

Michel (sechs Monate) sitzt auf einer Decke, in den Händen hält er einen kleinen Stoffball, mit dem er sich immer wieder fröhlich auf die Beine klopft. Dann entgleitet ihm der Ball, rollt ein Stück und bleibt außerhalb seiner Greifweite liegen. Michel hat dem Ball etwas verdutzt nachgeschaut, fixiert ihn nun, bringt sich in Bauchlage und beginnt, mühsam in Richtung Ball zu robben. Als sein Vater sieht, wie sehr Michel sich dabei anstrengt und wie langsam er vorankommt, greift er den Ball und legt ihn direkt vor Michel hin.

Das ist zwar gut gemeint, aber Michels Vater hat seinen Sohn damit auch um eine wichtige Erfahrung gebracht, nämlich um das tolle Erlebnis, selbst etwas erreicht zu haben: „Ich habe mir den Ball ganz allein zurückgeholt – das habe ich geschafft, weil ich es wollte und mich angestrengt habe." Die Entwicklungspsychologie nennt das Selbstwirksamkeitserfahrung: Das Kind bewirkt etwas allein, aus eigenem Antrieb und lernt, dass es sich selbst helfen kann. Das stärkt

Mit kleinen Schritten an der Hand fängt es an

das Selbstbewusstsein, macht mutig und optimistisch. Es wäre also sinnvoller gewesen, wenn Michels Vater seinem Kind die mühsame Arbeit eben nicht abgenommen hätte. Michel war ja bis dahin weder frustriert noch sah es so aus, als ob er den Ball nicht erreichen würde. Aber selbst wenn er den Ball trotz aller Mühen nicht erreicht hätte, wäre er ihm aus eigener Kraft zumindest ein Stück näher gekommen – was bereits ein Erfolg ist und ihn zu weiteren Versuchen motiviert hätte. Es geht nicht darum, stets und sofort das Ziel zu erreichen, sondern es zu versuchen und Herausforderungen anzunehmen, sich auch mal anzustrengen und einen Rückschlag hinzunehmen. All das bringt ein Kind auf seinem Weg zur Selbstständigkeit voran. Im Alltag gibt es viele Möglichkeiten für Selbstwirksamkeitserfahrungen. Dazu im Folgenden ein paar Beispiele:

Im Haushalt

Sobald Kinder verstehen, dass sie Teil einer Gemeinschaft sind, möchten sie auch zum Gelingen dieser Gemeinschaft beitragen. Sie möchten sich aktiv einbringen, sich nicht nur geliebt fühlen, sondern auch nützlich. So wird ein dreijähriges Kind auf die Frage „Hilfst du mir beim Zusammenlegen der Wäsche?" so gut wie immer freudestrahlend mit „Au, ja!" antworten. Kindern macht es in diesem Alter großen Spaß, im Haushalt zu helfen, weil sie auf diese Weise spüren, dass sie etwas leisten können und ihre Eltern unterstützen. Je nach Alter und Entwicklungsstand sollten Kinder daher im Haushalt

An den Herausforderungen wachsen

kleinere Arbeiten übernehmen: beispielsweise die zusammengeleg-
ten Socken in die Schublade legen, den Tisch abwischen oder Obst
schneiden. Selbstverständlich werden sie das zu Beginn nicht so
schnell und so gut hinbekommen wie ihre Eltern. Aber das ist auch
nicht wichtig – wissen wir doch: Übung macht den Meister.

Beim Anziehen

Dasselbe gilt für das Thema „allein anziehen": Fast alle Kindergartenkinder möchten sich zum Beispiel morgens selbst die Schuhe zubinden oder die Jacke anziehen. Da sie jedoch noch nicht so geübt
sind, brauchen sie dafür eine halbe Ewigkeit. Also nehmen ihre Eltern ihnen bei Zeitdruck die Arbeit ab, was meist zu lautstarkem
Protest führt. Ist ja auch verständlich: Sie sind frustriert, denn
ihr Bedürfnis nach Unabhängigkeit bekommt einen emp-
findlichen Dämpfer. Es wird ihnen die Botschaft vermittelt: „Das kannst du noch nicht, du bist nicht schnell
genug, lass mich das mal machen." Auf Dauer machen
solche Sätze mutlos und passiv. Und irgendwann geben
die Kinder auf und lassen sich wieder ohne Murren die
Schnürsenkel binden. Was könnte man stattdessen tun?
Einfach mehr Zeit einplanen – fünf Minuten früher aufstehen und diese fünf Minuten fürs Zubinden der Schuhe
reservieren. Das Kind einfach mal in Ruhe machen lassen.

Lassen Sie Ihr Kind
auswählen, welchen
Pullover es anziehen
möchte. Auch das ist
ein wichtiger Schritt
in Richtung Selbst-
ständigkeit.

Falls es ihm tatsächlich nicht gelingt und Frust bei ihm aufkommt, loben Sie seinen Versuch und ermutigen es, dranzubleiben: „Manche Dinge muss man erst länger üben. Heute ist es dir schon besser gelungen als letzte Woche. Bald wirst du es schaffen, das weiß ich."

> Kinder wollen sich nützlich machen und Aufgaben in der Familie übernehmen. Dann fühlen sie sich stark und gebraucht.

Im Supermarkt

Beim Einkaufen können sich Kinder ebenfalls wunderbar einbringen, wenn wir sie dazu ermutigen. Das funktioniert in ganz kleinen Schritten. Der erste könnte sein, dass Sie Ihr Kind nicht nur mitlaufen lassen, sondern einbeziehen: „Schau mal, hier steht die Milch, die wir immer trinken. Wir brauchen ein Paket. Gibst du mir eines heraus?" Wenn Sie das ein paarmal gemacht haben, können Sie die Herausforderung steigern, indem Sie nicht direkt vor der Milch stehen bleiben, sondern ein Stück entfernt, aber in Sichtweite: „Siehst du da vorn das Regal mit der Milch? Holst du schon mal ein Paket?" Wenn Sie dann beim Abendessen erzählen, wie toll Ihr Kind Ihnen vorher beim Einkaufen geholfen hat, wird es auf seine Leistung ganz stolz sein.

EINE BREZEL, BITTE!

Auf dem Spielplatz

Spielplätze sind keine ungefährlichen Schonräume und je kleiner ein Kind ist, desto mehr müssen wir Eltern aufpassen. Aber manchmal übertreiben wir auch ein wenig. Manche Eltern weichen auf dem Spielplatz gar nicht von der Seite ihres Kindes, rufen ihm ständig Warnungen zu („Pass auf, gleich fällst du!") oder heben es auf die Rutsche, damit es beim Hochsteigen nicht von der Leiter fällt. Natürlich kann es passieren, dass das Kind beim ersten Versuch tatsächlich fällt oder auf halbem Weg plötzlich Angst vor der Höhe bekommt. Aber das gehört dazu: Alles, was wir heute können, haben wir vorher lernen und üben müssen. Und das funktioniert nicht ohne negative Erfahrungen und Rückschläge. Solange nicht echte Gefahr droht,

PASS AUF, DASS DU NICHT RUNTER- FÄLLST!!!

empfiehlt es sich, das Kind darin zu bestärken, eine Herausforderung anzunehmen, die es sich selbst gesucht hat. Auf dem Spielplatz funktioniert das mit aufmunternden Blicken. Ein Kind, das etwas Neues vorhat, sucht nämlich vorher den Blickkontakt zu seiner Bindungsperson: Wenn es zum ersten Mal die Leiter zur Rutsche hochklettern möchte, schaut es vor dem Schritt auf die erste Stufe zu seiner Mutter. Schaut sie ängstlich, besorgt, schüttelt sie den Kopf? Oder ist sie entspannt, lächelt ihm zu und ermuntert es? Zwei Blicke, zwei Botschaften: „Das schaffst du nicht, das trau ich dir nicht zu!" oder „Versuch's doch mal, vielleicht klappt's!"

Wichtig: Ermutigen bedeutet nicht, Kinder zu etwas zu überreden, das gefährlich ist oder an dem sie zwangsläufig scheitern müssen. Ermutigen bedeutet, die *Eigeninitiative* des Kindes nicht zu bremsen, es bei Rückschlägen zu trösten, ihm seine Teilerfolge in Erinnerung zu rufen und ihm zu vermitteln: „Irgendwann schaffst du das bestimmt. Deine Mühe lohnt sich."

Offen für Verhandlungen

Sollte Ihr Kind wirklich mal etwas vorhaben, das Sie für entschieden zu gefährlich halten, lässt sich vielleicht ein Kompromiss finden, um die Negativ-Botschaft „Das kannst du nicht" zu umgehen: Möchte Ihre Tochter beispielsweise zum ersten Mal allein zum Bäcker gehen, sollten Sie zunächst ihre Initiative loben: „Klasse, dass du das machen möchtest." Gemeinsam könnten Sie dann eine Vereinbarung aushandeln: „Heute und morgen üben wir den Weg zusammen. Danach gehe ich ein paar Meter hinter dir her und du zeigst mir, wie gut du den Weg schon kennst." Garantiert werden Sie feststellen, dass Ihre Tochter ihre Sache ausgezeichnet macht. Natürlich gehört trotzdem etwas Herzklopfen dazu, wenn sie dann tatsächlich allein lostapft. Das liegt in der Natur der Sache: Wenn das Kind groß und selbstständig wird, kann das für uns Eltern mit Schmerz und Sorge verbunden sein. Doch wenn es dann erfolgreich mit der großen Brötchentüte nach Hause kommt, können Sie wirklich stolz sein.

Zum Weiterlesen

Doris Schüler

Schüchterne Kinder stärken

Amondis 2018

Das Buch richtet sich an Eltern von schüchternen und sozial ängstlichen Kindern bis zum Jugendalter. Mit vielen Fallbeispielen und guten Anregungen. Sehr hilfreich sind auch die Denkanstöße zur Selbstreflexion und zum Umgang mit der eigenen Schüchternheit.

Katja Gaschler/Anna Buchheim (Hg.)

Kinder brauchen Nähe

Schattauer 2012

„Warum Bindung glücklich macht" ist das Motto dieses Bandes mit Beiträgen renommierter Psychologen, Pädagogen und anderer Experten. Es präsentiert wichtige Erkenntnisse der Bindungsforschung und leitet daraus ab, wie eine vertrauensvolle Beziehung zwischen Kindern und Eltern entsteht.

Fabienne Becker-Stoll /Kathrin Beckh /Julia Berkic

Bindung – Eine sichere Basis fürs Leben

Kösel-Verlag 2018

Hervorragendes Buch über die „wichtigste Zutat für eine erfullte Kindheit". Die Auto rinnen bereiten Forschungsergebnisse sehr verständlich auf und liefern Orientierung in allen wichtigen Erziehungsthemen der ersten sechs Lebensjahre (Schreien, Trotzverhalten, Geschwisterstreit, Resilienzentwicklung, Gefahren und Grenzen).

Sabine Friedrich / Volker Friebel

Kindern Mut machen

BALANCE Buch und Medien Verlag 2011

Ratgeber mit zahlreichen Beispielen und Bewältigungshilfen zu typischen Ängsten von der Kleinkindzeit bis zum Jugendalter. Eine schöne Besonderheit dieses Buches sind die Mutmach-Geschichten zum Vorlesen.

Monika Specht-Tomann

Was macht das Monster unterm Bett?

Patmos 2015

Sehr anschaulich geschriebenes Buch, das in zwei Teile gegliedert ist. Der erste Teil beschäftigt sich mit dem Verstehen von Kinderängsten, der zweite liefert ausführliche Tipps, wie Eltern ihren Kindern bei der Bewältigung helfen können.

Robert Brooks/Sam Goldstein Pantley

Das Resilienz-Buch

Klett-Cotta 2017

Resilienz ist der Fachbegriff für die psychische Widerstandskraft, die Menschen dabei hilft, die Rückschläge und Schwierigkeiten des Lebens zu meistern. Die beiden Autoren, US-amerikanische Kindertherapeuten, liefern viele wertvolle Hinweise zum Beispiel zu den Themen Kommunikation, Empathie, Akzeptanz und Umgang mit Erfolgen und Fehlern.

Der Autor

Sebastian Bröder, Jahrgang 1969, arbeitet als freier Journalist, Autor, Lektor und Dozent an journalistischen Aus- und Weiterbildungseinrichtungen. Er studierte Erziehungswissenschaften und Psychologie, der Bereich Kinder, Familie und Erziehung bildet einen seiner thematischen Schwerpunkte. Sebastian Bröder hat eine erwachsene Tochter und lebt in Hamburg.

Impressum

„Halt mich fest, Mama!" ist ein Sonderprodukt der Zeitschrift *kizz* und des Internetauftritts *www.kizz.de*.

© Verlag Herder Freiburg im Breisgau 2019
Alle Rechte vorbehalten
www.herder.de

Fotos:
Titelfoto: Masterfile
Fotos Innenteil:
Seite 4, 7, 8, 10, 12, 14, 17, 20, 33, 36, 38, 44, 47, 50, 56, 60: plainpicture
Seite 23, 28, 35, 42, 53, 59: gettyimages

Illustrationen: Julia Dürr, www.juliaduerr.net
Umschlaggestaltung: Beatrice Hofmann, Beeconcept, Mühltal
Satz und Layout: Arnold & Domnick, Leipzig
Herstellung: Polygraf Print, Prešov
Printed in Slovakia

ISBN 978-3-451-00813-9